教科書ガイド

教科書の内容がすべてわかる

ガイド

東京書籍版

ニュー
ホライズン

エレメンタリー

完全準拠

6年

あすとろ出版

『教科書ガイド』ってどんな本？

お母さん　今日授業でわからないところがあったんだけどどうすればいい？

復習のしかた？教科書を読めばわかるんじゃない？

教科書だけ読んでもわからなくて…

あら…

う～ん

わたしはちゃんと教えてあげられるか自信ないし…

そんな時は『教科書ガイド』を使ってみたら！？

バーン

わ！？

なに！？

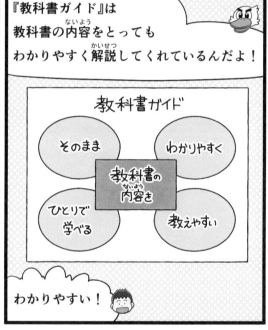

『教科書ガイド』は教科書の内容をとってもわかりやすく解説してくれているんだよ！

教科書ガイド

そのまま

わかりやすく

教科書の内容を

ひとりで学べる

教えやすい

わかりやすい！

だから、ひとりで学べるのはもちろん、『教科書ガイド』を使って教えることもできるよ！

解説がわかりやすいからわたしも子どもに教えてあげられそう！

『教科書ガイド』のおかげで教科書の内容がよくわかるようになったよ！

その後

これならテストも発表もバッチリ！

良かったね！

『教科書ガイド』東京書籍版　英語編

来週
英語の授業で発表か…
自信ないな〜

それなら
『教科書ガイド』を
活用すればいいよ！

えっ?!

だれ！?

教科書にある動画や音声を、
『教科書ガイド』でも見たり
聞いたりできるんだ！

だから、自分ひとりでも
英語の発表の練習ができるよ！

あ、こうやって
発表すればいいんだ！

しかも、
『My Picture Dictionary』*の
たくさんの英単語や、中学英語に役立つ
ポイントも学べちゃうんだ！

だから、今から
しっかりおぼえれば、
中学生になっても安心！

すごい！
使ってみるよ！

お母さん！
『教科書ガイド』のおかげで
みんなの前でうまく発表できたよ！

その後

すごいじゃない！

みんなも『教科書ガイド』を
使ってみよう！

*教科書『NEW HORIZON Elementary』（東京書籍）の別冊。英単語が豊富にのっています。

教科書ガイドの使い方

Unitのページ

　この教科書ガイドでは、二次元コードからアクセスできる教科書の動画・音声のスクリプト（放送文）の重要な部分とその日本語を示しているよ。また、教科書の問題の解答・解答例ものせているよ。教科書の内容をしっかりと理解し、自信をもって授業に取り組めるようになろう。

教科書と同じ動画・音声に
アクセスできるよ。

スクリプトと日本語だよ。
すべて覚えなくても大丈夫。
Unitの重要な表現を確認しよう。

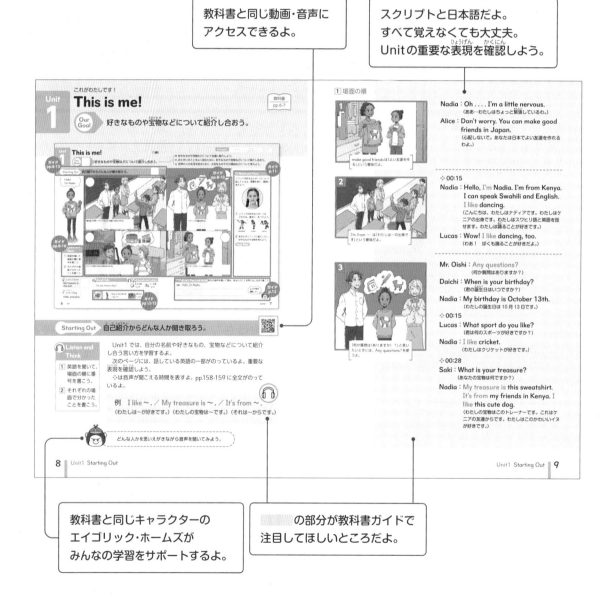

教科書と同じキャラクターの
エイゴリック・ホームズが
みんなの学習をサポートするよ。

　　　　　の部分が教科書ガイドで
注目してほしいところだよ。

中学英語につながる内容を **ポイント** で示しているよ。

教科書にリンクする別冊『My Picture Dictionary』*の単語と音声をのせているよ。

「Let's Listen」の音声は二次元コード内にはないので、学校の先生の指示で聞こう。

教科書の問題の解答・解答例を確認できるよ。

習った表現や単語を自由に書くことができるよ。

* Unit 内で同じ単語のジャンルが二つ以上出てくる場合は、最初に出てきたジャンルだけを示しているよ。

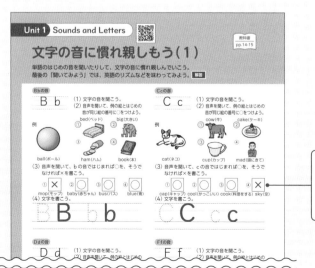

Sounds and Letters のページは解答や日本語を赤字で示しているよ。

● Over the Horizon

教科書の各 Unit の最後にある Over the Horizon の解答・解答例を示しているよ。スクリプト（英語の放送文）と日本語は巻末を参考にしよう。

● スクリプト（英語の動画・音声の放送文）

教科書ガイドで解説をしている動画・音声のスクリプトと日本語を示しているよ。音声の内容を確認することで、学習の役に立てよう。すべてを覚えなくても問題ないよ。

もくじ

＊スクリプトとは、英語の動画・音声の放送文
（読み上げ文）のことです。資料では、スク
リプトの日本語訳も付けています。

※二次元コードの動画・音声について
　利用にはインターネットを使います。保護者のかたとインターネットを使うときの約束を
確かめておきましょう。

〈保護者のみなさまへ〉
　コンテンツは無料で使えますが、通信費は別に発生することがあります。

※「Let's Listen」音声について
　著作権等の関係により、二次元コード音声に入っていません。音声は授業などで先生の指
示にしたがって聞くようにしてください。

Unit 1

これがわたしです！
This is me!

Our Goal 好きなものや宝物などについて紹介し合おう。

Starting Out 自己紹介からどんな人か聞き取ろう。

Listen and Think

1 英語を聞いて、場面の順に番号を書こう。

2 それぞれの場面で分かったことを書こう。

　Unit1 では、自分の名前や好きなもの、宝物などについて紹介し合う言い方を学習するよ。

　次のページには、話している英語の一部がのっているよ。重要な表現を確認しよう。

　❖は音声が聞こえる時間を表すよ。pp.158-159 に全文がのっているよ。

例　I like 〜 . ／ My treasure is 〜 . ／ It's from 〜 .
（わたしは〜が好きです。）（わたしの宝物は〜です。）（それは〜からです。）

 どんな人かを思いえがきながら音声を聞いてみよう。

make good friends は「よい友達を作る」という意味だよ。

Nadia：Oh . . . . I'm a little nervous.
（ああ…わたしはちょっと緊張しているわ。）

Alice：Don't worry. You can make good friends in Japan.
（心配しないで。あなたは日本でよい友達を作れるわよ。）

❖ 00:15

Nadia：Hello, I'm Nadia. I'm from Kenya. I can speak Swahili and English. I like dancing.
（こんにちは、わたしはナディアです。わたしはケニアの出身です。わたしはスワヒリ語と英語を話せます。わたしは踊ることが好きです。）

I'm from 〜. は「わたしは〜の出身です」という意味だよ。

Lucas：Wow! I like dancing, too.
（わあ！　ぼくも踊ることが好きだよ。）

Mr. Oishi：Any questions?
（何か質問はありますか？）

Daichi：When is your birthday?
（君の誕生日はいつですか？）

Nadia：My birthday is October 13th.
（わたしの誕生日は 10 月 13 日です。）

❖ 00:15

Lucas：What sport do you like?
（君は何のスポーツが好きですか？）

Nadia：I like cricket.
（わたしはクリケットが好きです。）

❖ 00:28

Saki：What is your treasure?
（あなたの宝物は何ですか？）

「何か質問は（ありますか）？」と言いたいときには、Any questions? を使うよ。

Nadia：My treasure is this sweatshirt. It's from my friends in Kenya. I like this cute dog.
（わたしの宝物はこのトレーナーです。これはケニアの友達からです。わたしはこのかわいいイヌが好きです。）

❖ 00:10

Lucas：Where is your house?
（君の家はどこ？）

Nadia：It's by the library.
（図書館のそばよ。）

Where is your house?は「あなたの
家はどこですか？」という意味だよ。

┌─ 分かったことをメモしよう ─────────────────────────────

└───

┌─ ② 分かったこと 解答例 ─────────────────────────────
1 新しい学校に行く前日、緊張しているナディアをお母さんがはげまし、日本でよい友達を作れると言っている。
2 教室の場面。ナディアがクラスメートたちの前で自己紹介をしている。
3 クラスメートたちからの質問に答えて、ナディアが誕生日や好きなスポーツ、宝物などについて答えている。
4 ナディアはルーカスと話し、自宅は図書館のそばだと言っている。
└───

次の４線を使って、習った表現や単語を書く練習をしてみよう。

話している英語の一部から、重要な表現を確認しよう。

Watch and Think

ソフィアが好きなスポーツについて話しているよ。映像を見て、質問に答えよう。

1 ソフィアの好きなスポーツはどれかな。番号に○をつけよう。

① baseball ② cricket ③ tennis

2 あなたがソフィアに紹介したい好きなものや宝物を考えよう。

Your Plan

Sophia : Hello, I'm Sophia. I'm from Australia. I like rugby. This is my treasure from my friends. I like cricket, too. Cricket is a popular sport in Australia. Cricket is like baseball. Eleven players are on each team. Two players run with their bats. It's fun.

（こんにちは、わたしはソフィアです。わたしはオーストラリアの出身です。わたしはラグビーが好きです。これは友達からもらったわたしの宝物です。わたしはクリケットも好きです。クリケットはオーストラリアで人気のスポーツです。クリケットは野球に似ています。11人の選手がそれぞれのチームにいます。2人の選手がバットを持って走ります。おもしろいです。）

I'm ～. と I like ～. に注意しながら映像を見よう。

① baseball 野球　② cricket クリケット　③ tennis テニス

次ページの My Picture Dictionary の単語も参考にしながら、あなたの好きなものや宝物について考えてみよう。

  Map of the World ▶ pp.2-3　 遊びなど ▶ p.31

— Watch and Think 解答例 —

1 ②

2 I like reading.（わたしは読書が好きです。）My treasure is this book, "The Little Prince."（わたしの宝物はこの本、『星の王子さま』です。）

(例) Hello, I'm Nadia. （こんにちは、ナディアです。）

Hello, I'm ^(例)Yoko.

（こんにちは、洋子です。）

My Picture Dictionary

Map of the World

North America
北アメリカ

South America
南アメリカ

Oceania
オセアニア

Asia
アジア

Europe
ヨーロッパ

Africa
アフリカ

the U.K.
イギリス

France
フランス

Egypt
エジプト

China
中国

北
north

Australia
オーストラリア

Japan
日本

America
アメリカ

Brazil
ブラジル

west
西

east
東

south
南

遊びなど

camping
キャンプ

dancing
踊り

fishing
魚つり

hiking
ハイキング

shopping
買い物

reading
読書

drawing
絵をかくこと

jogging
ジョギング

skateboarding
スケートボード

swinging
ぶらんこ遊び

playing the piano
ピアノをひくこと

playing video games
テレビゲームをすること

seeing movies
映画を見ること

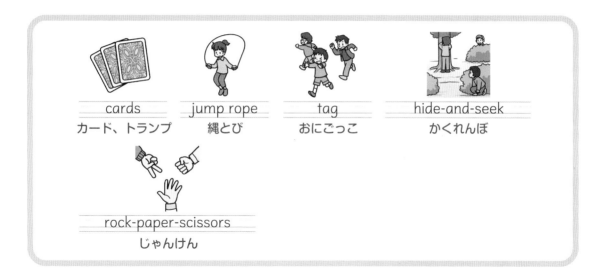

cards
カード、トランプ

jump rope
縄とび

tag
おにごっこ

hide-and-seek
かくれんぼ

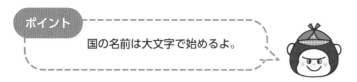

rock-paper-scissors
じゃんけん

ポイント

国の名前は大文字で始めるよ。

次の4線を使って、習った表現や単語を書く練習をしてみよう。

好きなものや宝物などについて
友達と紹介し合おう。

教科書
pp.8-9

 Let's Watch ① ナディアはどのように自己紹介をしているのかな。

p.9 の会話をふりかえってみよう。

Nadia：Hello, I'm Nadia. I'm from Kenya. I can speak Swahili and English. I like dancing.
（こんにちは、わたしはナディアです。わたしはケニアの出身です。スワヒリ語と英語を話せます。わたしは踊ることが好きです。）

ガイド p.9 の会話を思い出そう。I'm 〜.、I like 〜. などを使ってナディアは自己紹介をしていたね。

 **Let's Listen ①** 会話を聞いて、大石先生が好きなものの □ に✓を入れよう。

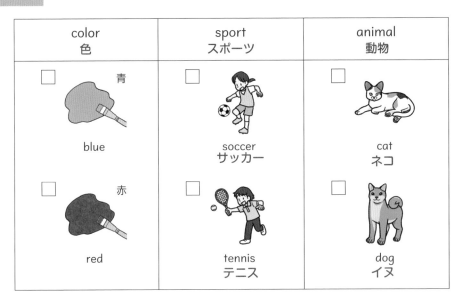

	color 色	sport スポーツ	animal 動物
	□ 青 blue	□ soccer サッカー	□ cat ネコ
	□ 赤 red	□ tennis テニス	□ dog イヌ

Mr. Oishi
大石先生

話している英語の一部から、解答につながる表現を確認しよう。pp.159-160に全文がのっているよ。
color（色）
Ms. Baker: What color do you like? （あなたは何色が好きですか？）
Mr. Oishi: I like red. （わたしは赤が好きです。）
sport（スポーツ）
Ms. Baker: What sport do you like? （あなたは何のスポーツが好きですか？）
Mr. Oishi: I like soccer. （わたしはサッカーが好きです。）
animal（動物）
Ms. Baker: What animals do you like? （あなたはどの動物が好きですか？）
Mr. Oishi: I like Japanese Akita dogs. （わたしは日本の秋田犬が好きです。）

💬 Let's Try ❶ Let's Listen ①のように、好きなものなどをたずね合おう。

名前	好きなものなど
あなた	
友達	

ポイント

相手に何の〜が好きかについてたずねるとき、What 〜 do you like? と言うよ。質問に答えるときには、たとえばI like baseball.（野球が好きです。）のように言うよ。baseballのところに好きなものを入れよう。

─ Let's Listen① 解答 ─
color：red
sport：soccer
animal：dog

─ Let's Try① 解答例 ─
● I like playing the piano.（ピアノをひくのが好き。）
● I like basketball.（バスケットボールが好き。）
● I like cooking.（料理が好き。）

🔵 ✏ Let's Read and Write 例文の音声を聞いて読み、あなたのことを声に出しながら書こう。

（例） I like dancing. （わたしはダンスが好きです。）

I like （例）soccer.
（わたしはサッカーが好きです。）

（例） My treasure is this sweatshirt. （わたしの宝物はこのトレーナーです。）

My treasure （例）is this photo album.
（わたしの宝物はこの写真アルバムです。）

Let's Watch ② ナディアたちは宝物についてどのような会話をしているのかな。

Saki：What is your treasure?
（あなたの宝物は何ですか？）

Nadia：My treasure is this sweatshirt. It's from my friends in Kenya.
（わたしの宝物はこのトレーナーです。これはケニアの友達からです。）

ガイドp.9の会話を思い出そう。My treasure is 〜.、It's from 〜. などを使ってナディアは自分の宝物の話をしていたね。

 Let's Listen ② 大地と早紀の宝物について、当てはまるものを線で結ぼう。

1

Daichi
大地

2

Saki
早紀

cap
ぼうし

dictionary
辞書

tablet
タブレット

grandfather
おじいさん

parents
両親

friends
友達

話している英語の一部から、解答につながる表現を確認しよう。p.160に全文がのっているよ。

①
Daichi: My treasure is this tablet. It's from my grandfather.
(ぼくの宝物はこのタブレットです。おじいさんからです。)

②
Saki: My treasure is this dictionary. It's a birthday present from my parents.
(わたしの宝物はこの辞書です。両親からの誕生日プレゼントです。)

 Let's Try ❷ それぞれの宝物とその理由についてたずね合おう。

名前	宝物	その理由
あなた		
友達		

 What is your treasure?
(あなたの宝物は何ですか。)

My treasure is my soccer ball. It's from my grandmother.

(わたしの宝物はサッカーボールです。
おばあさんからです。)

Tips

宝物をくれた人がいるときは、その情報も加えて伝えよう。

自分の宝物について表すとき、My treasure is 〜.と言うよ。「〜」の部分には宝物の名前が入るよ。それがだれからもらったものかを表すときはIt's from 〜.と言うよ。「〜」の部分にそれをくれた人の名前を入れよう。

Let's Listen ② 解答例
① Daichi - tablet - grandfather
② Saki - dictionary - parents

Let's Try ② 解答例
● My treasure is this ring. It's from my mother.
(わたしの宝物はこの指輪です。それは母からです。)
● My treasure is this bicycle. It's from my parents.
(わたしの宝物はこの自転車です。それは両親からです。)

スポーツ ▶p.11　 身の回りのもの ▶p.30

 My Picture Dictionary　スポーツ　 ▶

baseball
野球

basketball
バスケットボール

volleyball
バレーボール

dodgeball
ドッジボール

rugby
ラグビー

soccer
サッカー

tennis
テニス

table tennis
卓球（たっきゅう）

badminton
バドミントン

cricket
クリケット

gymnastics
体操（たいそう）

track and field
陸上競技（りくじょうきょうぎ）

judo
柔道（じゅうどう）

kendo
剣道（けんどう）

sumo
相撲（すもう）

swimming
水泳

skateboarding
スケートボード

skiing
スキー

fencing
フェンシング

road cycling
ロードサイクリング

sailing
セーリング

weightlifting
重量挙げ

figure skating
フィギュアスケート

ice hockey
アイスホッケー

boccia
ボッチャ

wheelchair tennis
車いすテニス

My Picture Dictionary

身の回りのもの ▶

bag	bat	glove	racket	soccer shoes
かばん	バット	グローブ	ラケット	サッカーシューズ
umbrella	glass	mug	textbook	comic book
かさ	コップ	マグカップ	教科書	マンガ本
dictionary	present	treasure	sticker	ticket
辞書	プレゼント	宝物	ステッカー	チケット
watch	TV	computer	smartphone	tablet
腕時計	テレビ	コンピューター	スマートフォン	タブレット
desk	chair	bed		
机（つくえ）	いす	ベッド		

ポイント

そのままカタカナの日本語になっているものも多いけれど、英語のつづりには注意しよう！

好きなものや宝物などを紹介し合って、
おたがいのことをよく知ろう。

教科書 pp.10-11

Step 1 文を指で追いながら、ディーパの発表を聞こう。

Deepa

I'm Deepa.
（わたしはディーパです。）

I like badminton.
（わたしはバドミントンが好きです。）

My treasure is this bag.
（わたしの宝物はこのバッグです。）

It's from my mother.
（それはお母さんからです。）

どんなことを言っているのかな。

自己紹介で名前を言うときはI'm 〜.を使おう。自分の好きなものを言うときにはI like 〜.と表すことを思い出そう。宝物は、My treasure is 〜.を使って伝えるんだったね。それがだれからもらったものかを表すときはIt's from 〜.を使うよ。

Step 2 「宝物紹介カード」を作り、好きなものや宝物などをペアで紹介しよう。

巻末コミュニケーションカード

例
My Treasure
bag
Name Deepa

好きなもの	Memo
宝物	
その理由	

表現例

❶ I'm good at playing badminton.
（わたしはバドミントンをするのが得意です。）
❷ I like blue. （わたしは青が好きです。）

発表に関連する表現例

Any questions?
（何か質問はありますか？）

単語例

  Map of the World ▶pp.2-3　 人・家族 ▶pp.20-21　 身の回りのもの ▶p.30

自分の名前や宝物をていねいに書こう。

(例) Nishino Yui　(例) my camera

あなたの「好きなもの」や「宝物」を左下にメモしよう。表現例の意味も確認しておこう。

好きなもの 解答例
- I like the sea. My treasure is this surfboard. It's from my father.
  （わたしは海が好きです。わたしの宝物はこのサーフボードです。それは父からです。）

Step 2　単語例

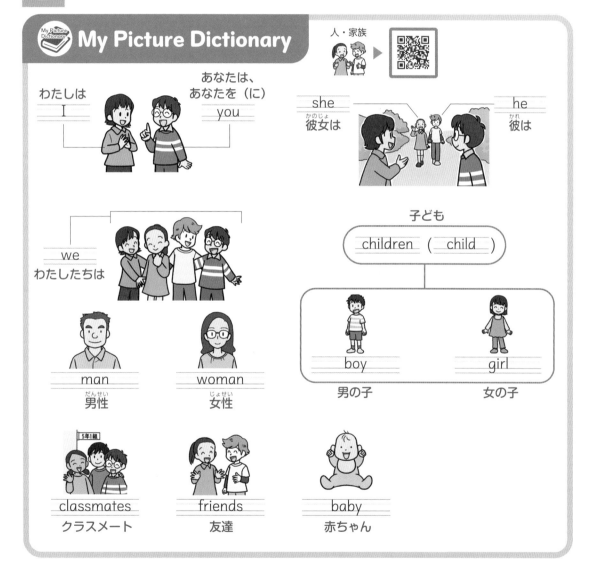

My Picture Dictionary

人・家族

わたしは
I

あなたは、
あなたを（に）
you

she
彼女は

he
彼は

we
わたしたちは

子ども
children（child）

man
男性

woman
女性

boy
男の子

girl
女の子

classmates
クラスメート

friends
友達

baby
赤ちゃん

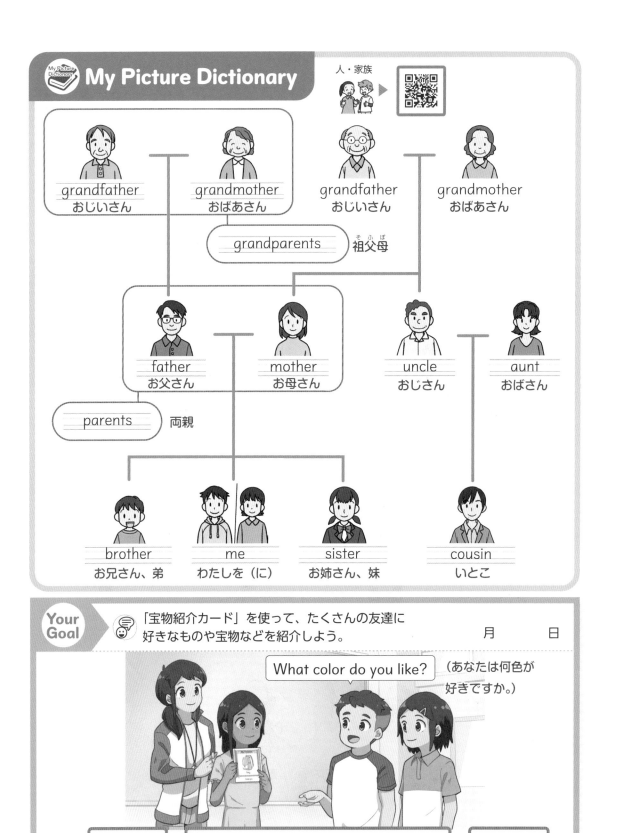

My Picture Dictionary

人・家族

grandfather おじいさん	grandmother おばあさん
grandfather おじいさん	grandmother おばあさん

grandparents　祖父母（そふぼ）

father お父さん	mother お母さん	uncle おじさん	aunt おばさん

parents　両親

brother お兄さん、弟	me わたしを（に）	sister お姉さん、妹	cousin いとこ

Your Goal　「宝物紹介カード」を使って、たくさんの友達に好きなものや宝物などを紹介しよう。

月　　　日

What color do you like?　（あなたは何色が好きですか。）

例　はじめのあいさつ ▶ 好きなものや宝物などを紹介しよう。 ▶ 終わりのあいさつ

Deepa : Hello. I'm Deepa. I'm from India. I like badminton. I'm good at playing badminton. My treasure is this bag. It's from my mother. Thank you.

（こんにちは。わたしはディーパです。わたしはインド出身です。わたしはバドミントンが好きです。わたしはバドミントンが得意です。わたしの宝物はこのバッグです。お母さんからもらったものです。ありがとう。）

Ms. Ichinose: Any questions?
（質問はありますか？）

Genki : What color do you like?
（あなたは何色が好きですか？）

Deepa : I like blue. （わたしは青が好きです。）

Akina : When is your birthday?
（あなたの誕生日はいつですか？）

Deepa : My birthday is . . . （わたしの誕生日は…）

二次元コードから見られる映像を参考にして、発表で気をつけたいことをメモしよう。

Before 発表で気をつけたいこと	After 活動のふり返り

Tips　聞いている人は、発表している人に質問してみよう。

発表で気をつけたいこと 解答例
- はじまりのあいさつをする
- 好きなものや宝物を伝える
- 指名をして、何か質問がないかたずねる
- 聞き手は好きなものなどについて質問をして、理解を深める

言えたことの中から1文を書こう。

（例） I like volleyball.

（わたしはバレーボールが好きです。）

教科書 pp.14-15

文字の音に慣れ親しもう（1）

単語のはじめの音を聞いたりして、文字の音に慣れ親しんでいこう。
最後の「聞いてみよう」では、英語のリズムなどを味わってみよう。 解答

Bbの音

B b

(1) 文字の音を聞こう。
(2) 音声を聞いて、例の絵とはじめの
音が同じ絵の番号に○をつけよう。

例

ball（ボール）

① bed（ベッド）
② big（大きい）
③ ham（ハム）
④ book（本）

(3) 音声を聞いて、b の音ではじまれば○を、そうで
なければ×を書こう。

① ✗ mop（モップ）
② ○ baby（赤ちゃん）
③ ○ bus（バス）
④ ○ blue（青）

(4) 文字を書こう。

B B b b

Ccの音

C c

(1) 文字の音を聞こう。
(2) 音声を聞いて、例の絵とはじめの
音が同じ絵の番号に○をつけよう。

例

cat（ネコ）

① cow（牛）
② cake（ケーキ）
③ cup（カップ）
④ mad（頭にきて）

(3) 音声を聞いて、c の音ではじまれば○を、そうで
なければ×を書こう。

① ○ cap（キャップ）
② ○ cool（かっこいい）
③ ○ cook（料理をする）
④ ✗ sky（空）

(4) 文字を書こう。

C C c

Ddの音

D d

(1) 文字の音を聞こう。
(2) 音声を聞いて、例の絵とはじめの
音が同じ絵の番号に○をつけよう。

例

dog（犬）

① jelly（ゼリー）
② door（ドア）
③ dam（ダム）
④ dig（ほる）

(3) 音声を聞いて、d の音ではじまれば○を、そうで
なければ×を書こう。

① ○ doctor（医者）
② ✗ nine（9）
③ ○ duck（アヒル）
④ ○ donut（ドーナツ）

(4) 文字を書こう。

D D d d

Ffの音

F f

(1) 文字の音を聞こう。
(2) 音声を聞いて、例の絵とはじめの
音が同じ絵の番号に○をつけよう。

例

fish（魚）

① fun（楽しみ）
② socks（くつ下）
③ fox（キツネ）
④ flower（花）

(3) 音声を聞いて、f の音ではじまれば○を、そうで
なければ×を書こう。

① ○ fork（フォーク）
② ○ frog（カエル）
③ ✗ rugby（ラグビー）
④ ○ father（父）

(4) 文字を書こう。

F F f

Letter Images

b　c　d　f　g　a

左のイメージは、文字の形を思い出すヒントだよ。

Ggの音

G　g

（1）文字の音を聞こう。
（2）音声を聞いて、例の絵とはじめの音が同じ絵の番号に○をつけよう。

①girl（女の子）　②boy（男の子）

例

gate（門）　③golf（ゴルフ）　④goat（ヤギ）

（3）音声を聞いて、g の音ではじまれば○を、そうでなければ×を書こう。

① ✕ ② ○ ③ ○ ④ ○

wind（風）　game（試合）　gorilla（ゴリラ）　ghost（お化け）

（4）文字を書こう。

Review ①

音声を聞いて、単語のはじめの音の文字に○をつけて、ここで学習した音をふり返ろう。

（1）

[b ©c d]

car（車）

（2）

金

[d f ⓖ]

gold

（3）

[h l ⓓ]

desk（机）

Aaの音

A　a

（1）文字の音を聞こう。
（2）音声を聞いて、例の絵とはじめの音が同じ絵の番号に○をつけよう。

①astronaut（宇宙飛行士）　②east（東）

例

apple（リンゴ）　③album（アルバム）　④ant（アリ）

（3）音声を聞いて、単語の真ん中に a の音があれば○を、なければ×を書こう。

① ✕ ② ✕ ③ ○ ④ ○

dog（犬）　six（6）　mad（頭にきて）　cat（ネコ）

（4）文字を書こう。

A　a

聞いてみよう①

音声を聞こう。気づいたことはあるかな。

Don't be mad. （おこらないで。）

Don't be sad. （悲しまないで。）

Be happy. （楽しくね。）

Unit
2
わたしの毎日のスケジュール
My Daily Schedule

教科書
pp.16-17

Our Goal ▷ 日常生活について紹介し合おう。

Listen and Think

Unit2 では、日常生活について紹介したりたずねたりするよ。
　次のページには、話している英語の一部がのっているよ。重要な表現を確認しよう。
　❖は音声が聞こえる時間を表すよ。pp.163-164 に全文がのっているよ。

1　英語を聞いて、場面の順に番号を書こう。

2　それぞれの場面で分かったことを書こう。

例　**What time do you usually 〜 ?**
（あなたはふだん何時に〜するの？）
I usually 〜 at ... . ／ I never 〜 .
（わたしはふだん…に〜します。）（わたしは決して〜しません。）

どんな生活を送っているのかを思いうかべながら音声を聞いてみよう。

talk with 〜は「〜と話す」という意味だよ。

Mr. Oishi： We can talk with friends all over the world on this screen.
（わたしたちはこのスクリーン上で世界中の友達と話ができます。）

Lucas： Oh, I want to talk with my friend in Brazil.
（ああ、ぼくはブラジルの友達と話がしたいです。）

Mr. Oishi： Sorry, but you can't do it now. It's 3:00 in the afternoon here in Japan. But it's 3:00 in the morning in Brazil. Your friends are sleeping.
（ごめんね、でも今はできません。ここ日本は午後 3 時です。でも、ブラジルは午前 3 時です。君の友達はねています。）

- -

What time do you get up? は「あなたは何時に起きますか？」という意味だよ。

❖ 00:22

Mr. Oishi： What time do you get up?
（あなたは何時に起きますか？）

Helmi： I always get up at 6 a.m. I usually play basketball at 3 p.m. I sometimes watch TV at 8 p.m. I usually go to bed at 10 p.m.
（わたしはいつも午前 6 時に起きるわ。わたしはふだん午後 3 時にバスケットボールをするの。わたしは時々午後 8 時にテレビを見る。わたしはふだん午後 10 時にねるわ。）

Saki： Oh, I usually go to bed at nine.
（へえ、わたしはふだん 9 時にねるよ。）

Helmi： Really? I never go to bed at nine.
（本当？　わたしは 9 時にねることはないなあ。）

- -

I usually 〜 at ... .という言い方は、2 人以上の人について言うときには We usually 〜 at ... .となるよ。Lucky you! は「いいなあ！」という意味だよ。

❖ 00:26

Samuel： I usually go to school at 8 a.m. And we always have a snack at 10:30. It's "morning tea."
（ぼくはふだん午前 8 時に学校に行きます。そしてぼくたちはいつも 10 時 30 分におやつを食べます。「モーニングティー」です。）

Lucas： Wow! Lucky you!
（わあ！　いいなあ！）

How are you?は「元気?」というあいさつの表現だよ。I'm fine, thank you.「元気よ。」、Great.「とっても元気。」などと答えるよ。

❖ 00:25

Mr. Oishi：What time do you get up?
（何時に起きますか？）

Daniel：Well, I always get up at 5:30 a.m.
I live in the countryside. I walk
to school through the savanna.
（ええと、いつも午前5時30分に起きます。いなかに住んでいます。学校には徒歩でサバンナを通り抜けて行きます。）

Saki：The savanna? Really?
（サバンナ？　本当に？）

─ 分かったことをメモしよう ─

─ ② 分かったこと 解答例 ─

1 教室の場面。大石先生が、スクリーン上で世界中の友達と話すことができるが、ブラジルでは午前3時でみんな眠っているから今は無理だと言っている。

2 ヘルミの毎日のスケジュールをみんなが聞いている。ねる時間は早紀より遅い。

3 サミュエルの毎日のスケジュールをみんなが聞いている。学校に行ったら、午前中にいつも「モーニングティー」というおやつの時間があると言っている。

4 ダニエルの毎日のスケジュールをみんなが聞いている。早起きをして、サバンナを通り抜けて徒歩で登校していると言っている。

次の4線を使って、習った表現や単語を書く練習をしてみよう。

話している英語の一部から、重要な表現を確認しよう。

👀 Watch and Think

ベーカー先生が週末の過ごし方について話しているよ。映像を見て、質問に答えよう。

Ms. Baker : Hi. I'm Ellen Baker. I **usually** watch TV on weekends. I love music programs. I love watching Major League Baseball, too. How about you? Tell me about your weekend schedule!

（こんにちは、わたしはエレン・ベーカーです。わたしはふだん週末にテレビを見ます。わたしは音楽番組が大好きです。わたしはメジャーリーグベースボール（＝野球）を見るのも大好きです。あなたはどうですか？　あなたの週末のスケジュールについて教えて！）

1 ベーカー先生がふだん週末にしていることはどれかな。番号に○をつけよう。

①
go fishing

②
go shopping

③
watch TV

2 ベーカー先生に紹介したい週末にしていることを考えよう。

Your Plan ▶

I usually 〜. に注意しながら、映像を見よう。

①
go fishing
つりに行く

②
go shopping
買い物に行く

③
watch TV
テレビを見る

次ページの My Picture Dictionary の単語も参考にしながら、週末にしていることを考えてみよう。

 一日の生活 ▶p.24

  頻度 ▶p.24

― Watch and Think 解答例 ―

1 ③
2 I usually clean my room at 9 a.m. (わたしはふだん午前9時に部屋のそうじをします。)

✎ Let's Read and Write 例文の音声を聞いて読み、週末の過ごし方を声に出しながら書こう。

（例）I always get up at 6 a.m.　（わたしはいつも午前 6 時に起きます。）

I always ⁽例⁾go to bed at 9:30 p.m.

（わたしはいつも午後 9 時 30 分にねます。）

📖 **My Picture Dictionary**

一日の生活

morning
午前、朝

get up
起きる

comb my hair
髪をとかす

take out the garbage
ごみを出す

get the newspaper
新聞を取る

have breakfast
朝食を食べる

brush my teeth
歯をみがく

go to school
学校へ行く

study English
英語を勉強する

afternoon
午後

have lunch
昼食を食べる

go home
家へ帰る

play soccer
サッカーをする

walk my dog
イヌを散歩させる

evening
夕方、晩

do my homework
宿題をする

have dinner
夕食を食べる

wash the dishes
皿をあらう

night
夜

watch TV
テレビを見る

take a bath
風呂に入る

go to bed
ねる

頻度

| always | usually | sometimes | never |
| いつも | たいてい、ふだん | 時々 | 決して…ない |

ポイント

neverは「決して（…ない）」と否定の意味になるよ。

次の4線を使って、習った表現や単語を書く練習をしてみよう。

Let's Watch　ヘルミたちは日常生活についてどのような会話をしているのかな。

p.27 の会話をふりかえってみよう。

Helmi：I always **get up** at 6 a.m. I usually **play basketball** at 3 p.m. I sometimes **watch TV** at 8 p.m. I usually **go to bed** at 10 p.m.

（わたしはいつも午前6時に起きるわ。わたしはふだん午後3時にバスケットボールをするの。わたしは時々午後8時にテレビを見ます。わたしはふだん午後10時にねるわ。）

ガイドp.27の会話を思い出そう。I usually ～ at ... .を使って毎日のスケジュールについて話していたね。

 Let's Listen ❶　ナディアの日曜日の過ごし方を聞いて、それぞれに当てはまる時刻を書こう。

ナディア
Nadia

起きる get up	宿題をする do my homework	ねる go to bed
午前 **6:30** (a.m.) 午後 p.m.	午前 ： a.m. 午後 p.m.	午前 ： a.m. 午後 p.m.

Let's Listen ❶ 解説

話している英語の一部から、解答につながる表現を確認しよう。p.165に全文がのっているよ。
Ms. Baker: What time do you usually do your homework?（あなたはふだん何時に宿題をしますか？）
Nadia: I usually do it at 10 a.m.（わたしはふだん午前10時にします。）
Ms. Baker: What time do you usually go to bed?（あなたはふだん何時にねますか？）
Nadia: I usually go to bed at 9:30 p.m.（わたしはふだん午後9時30分にねます。）

	起きる get up	宿題をする do my homework	ねる go to bed
あなた	・ 午前 a.m. ・ 午後 p.m.	・ 午前 a.m. ・ 午後 p.m.	・ 午前 a.m. ・ 午後 p.m.
友達	・ 午前 a.m. ・ 午後 p.m.	・ 午前 a.m. ・ 午後 p.m.	・ 午前 a.m. ・ 午後 p.m.
	・ 午前 a.m. ・ 午後 p.m.	・ 午前 a.m. ・ 午後 p.m.	・ 午前 a.m. ・ 午後 p.m.

What time do you usually go to bed?

（あなたはふだん何時にねますか？）

I usually go to bed at 9 p.m.

（わたしはふだん午後９時にねます。）

Tips

他にも、週末にするさまざまな行動を何時にするのかたずねよう。

ポイント

週末などの行動について、ふだんそれを何時にするのかをたずねるとき、What time do you usually ～? と言うよ。質問にはI usually ～ at ... . で答えるよ。usually 以外にも always や sometimes、never などの頻度を表す語が使えるよ。

Let's Listen① 解答

do my homework-10:00 a.m.
go to bed-9:30 p.m.

Let's Try① 解答例

● I usually get up at 6:30 a.m.
（わたしはふだん午前６時30分に起きます。）
● I usually do my homework at 4 p.m.
（わたしはふだん午後４時に宿題をします。）
● I usually go to bed at 10 p.m.
（わたしはふだん午後10時にねます。）

次の４線を使って、習った表現や単語を書く練習をしてみよう。

Let's Read and Write 例文の音声を聞いて読み、週末の過ごし方を声に出しながら書こう。

(例) I usually play basketball at 3 p.m. (わたしはふだん午後 3 時にバスケットボールをします。)

I usually (例)take a bath at 8 p.m.

（わたしはふだん午後 8 時に風呂に入ります。）

(例) I sometimes watch TV at 8 p.m. (わたしは時々午後 8 時にテレビを見ます。)

I sometimes (例)get up at 6 a.m.

（わたしは時々午前 6 時に起きます。）

Let's Listen 2 ナディアがお兄さんのエリックと下の表を見ながら家事の分担について話しているよ。2 人の会話を聞いて、質問に答えよう。

1 ナディアは下の表の①～③のどれに当てはまるかな。番号に○をつけよう。

	MON. 月	TUE. 火	WED. 水	THU. 木	FRI. 金	SAT. 土	SUN. 日
①	掃除機	フライパン	フライパン	フライパン	皿	皿	フライパン
Mom お母さん	フライパン	風呂	風呂	風呂	フライパン	フライパン	掃除機
②	風呂	—	—	—	—	—	風呂
③	皿	皿	皿	皿	風呂	風呂	皿

2 ナディアは皿洗いをどれくらいの頻度でするのかな。番号に○をつけよう。

I ① always ② usually ③ sometimes wash the dishes.

わたしは　いつも　ふだん　時々　　　　　　　お皿を洗う

Nadia

話している英語の一部から、解答につながる表現を確認しよう。pp.165-166に全文がのっているよ。

1

Nadia: I wash the dishes on Mondays, Tuesdays, Wednesdays, Thursdays, and Sundays.
（月曜日、火曜日、水曜日、木曜日、そして日曜日にお皿を洗う。）

2

Nadia: I usually wash the dishes!
（わたしはふだん皿洗いをするわ！）

Let's Try ❷　My Picture Dictionary の「頻度」（p.24）と「一日の生活」（p.24）を使って、ふだんの生活で自分がしていることの頻度を紹介し合おう。

I usually wash the dishes.
（わたしはふだんお皿を洗うわ。）

I never wash the dishes.
（ぼくはまったく皿洗いをしないよ。）

Tips
まったくしていないことを言うときには、どんな表現を使うのかな。

ポイント

まったくしていないことを言うとき、I never 〜.と言うよ。いつもしているときにはalways、たいていしているときにはusually、時々しているときにはsometimes を使おう。

Let's Listen② 解答
1 ③
2 ②

Let's Try② 解答例
- I always walk my dog at 6 a.m.
（わたしはいつも午前6時に犬の散歩をします。）
- I sometimes play soccer at 4 p.m.
（わたしは時々午後4時にサッカーをします。）

次の4線を使って、習った表現や単語を書く練習をしてみよう。

Step 1

文を指で追いながら、ブライアンの発表を聞こう。

Brian

I usually get up at 6 a.m.
（ぼくはふだん午前6時に起きます。）

I sometimes play tennis at 9:30 a.m.
（ぼくは時々午前9時30分にテニスをします。）

I usually walk my dog at 5 p.m.
（ぼくはふだん午後5時にイヌの散歩をします。）

I usually go to bed at 8 p.m.
（ぼくはふだん午後8時にねます。）

どんな行動をふだん何時にするのかをたずねるとき、**What time do you usually 〜?** と表すことを思い出そう。これに答えるには、**I usually 〜 at ... .** を使うんだったね。頻度を表す **usually** の代わりに、**always**、**sometimes**、**never** も使えるよ。**I never 〜 at ... .** は、まったくしていないことを言うときの表現だね。

Step 2

「週末の過ごし方カード」を作り、どんな週末を過ごしているのかペアで紹介しよう。

巻末 コミュニケーション カード

ふだん起きる時刻	その他の過ごし方	ふだんねる時刻
・ ─── a.m. ・ ─── p.m.		・ ─── a.m. ・ ─── p.m.

例
My Weekend Schedule

6:00　9:30　5:00　8:00

I usually walk my dog at 5 p.m.

Memo

表現例

❶ Oh, you have a dog.
（あら、あなたはイヌを飼っているんだね。）

❷ What time do you go to bed?
（あなたは何時にねるの？）

単語例

1 数▶p.9　　頻度▶p.24　　一日の生活▶p.24

発表に関連する表現例

Lucky you!
（いいなあ！）

紹介するときに使う「頻度」をていねいに書こう。

usually

（例）# always

あなたが「どんな行動」を「どのくらいの頻度」で「何時に」するか、左下にメモしよう。表現例の意味も確認しておこう。

Step 2 単語例

My Picture Dictionary

数 1 ▶

1 one 1	2 two 2	3 three 3	4 four 4	5 five 5
6 six 6	7 seven 7	8 eight 8	9 nine 9	10 ten 10
11 eleven 11	12 twelve 12	13 thirteen 13	14 fourteen 14	15 fifteen 15
16 sixteen 16	17 seventeen 17	18 eighteen 18	19 nineteen 19	20 twenty 20
21 twenty-one 21	22 twenty-two 22	23 twenty-three 23	24 twenty-four 24	25 twenty-five 25
26 twenty-six 26	27 twenty-seven 27	28 twenty-eight 28	29 twenty-nine 29	30 thirty 30

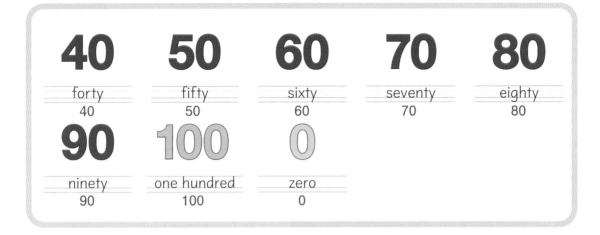

40	50	60	70	80
forty	fifty	sixty	seventy	eighty
40	50	60	70	80

90	100	0
ninety	one hundred	zero
90	100	0

次の4線を使って、習った表現や単語を書く練習をしてみよう。

Brian : Hello. I'm Brian. This is my weekend schedule. I usually **get up** at 6 a.m. I sometimes **play tennis** at 9:30 a.m. I usually **walk my dog** at 5 p.m.

（こんにちは。ぼくはブライアンです。これはぼくの週末のスケジュールです。ぼくはふだん午前6時に起きます。ぼくは時々午前9時30分にテニスをします。ぼくはふだん午後5時にイヌの散歩をします。）

Nanami : Oh, you have a dog.

（あら、あなたはイヌを飼っているのね。）

Brian : Yes, and I have a rabbit, too.

（うん、それにウサギも飼っているんだ。）

Genki : Lucky you!

（いいなあ！）

Deepa : What time do you **go to bed**?

（あなたは何時にねるの？）

Brian : I usually **go to bed** at 8 p.m.

（ぼくはふだん午後8時にねるよ。）

Itsuki : Really? I never **go to bed** at 8 p.m.

（本当？ ぼくは決して午後8時にはねないなあ。）

二次元コードから見られる映像を参考にして、発表で気をつけたいことをメモしよう。

Before 発表で気をつけたいこと	After 活動のふり返り

Tips 発表したあと、内容を加えたりしてみよう。

発表で気をつけたいこと 解答例
- はじまりのあいさつをする
- 週末のスケジュールについて伝える
- 必要な場合には、頻度を表す語も入れる
- 聞き手はよく発表を聞いて、さらに質問をして理解を深める

言えたことの中から1文を書こう。

（例）**I sometimes wash the dishes at 7:00 p.m.**

（わたしは時々午後7時に皿を洗います。）

文字の音に慣れ親しもう（2）

引き続き、単語のはじめの音に注意して聞いていこう。
英語にはどんな音があるのだろう。

教科書
pp.24-25

解答

Hhの音

H h

(1) 文字の音を聞こう。
(2) 音声を聞いて、例の絵とはじめの
　　音が同じ絵の番号に○をつけよう。

例

hat（ぼうし）

① house（家）
② hot（熱い）
③ ham（ハム）
④ milk（牛乳）

(3) 音声を聞いて、h の音ではじまれば○を、そうで
　　なければ×を書こう。

① ✕ fire（火）
② ○ hand（手）
③ ○ house（家）
④ ○ head（頭）

(4) 文字を書こう。

H h

Jjの音

J j

(1) 文字の音を聞こう。
(2) 音声を聞いて、例の絵とはじめの
　　音が同じ絵の番号に○をつけよう。

例

juice（ジュース）

① jet（ジェット機）
② map（地図）
③ jam（ジャム）
④ jog（ジョギングする）

(3) 音声を聞いて、j の音ではじまれば○を、そうで
　　なければ×を書こう。

① ○ jump（ジャンプ）
② ○ jacket（上着）
③ ✕ dam（ダム）
④ ○ July（7月）

(4) 文字を書こう。

J j

Llの音

L l

(1) 文字の音を聞こう。
(2) 音声を聞いて、例の絵とはじめの
　　音が同じ絵の番号に○をつけよう。

例

lemon（レモン）

① lamp（ランプ）
② leg（あし）
③ socks（くつ下）
④ lion（ライオン）

(3) 音声を聞いて、l の音ではじまれば○を、そうで
　　なければ×を書こう。

① ○ line（線）
② ✕ red（赤）
③ ○ lunch（昼食）
④ ○ long（長い）

(4) 文字を書こう。

L l

Mmの音

M m

(1) 文字の音を聞こう。
(2) 音声を聞いて、例の絵とはじめの
　　音が同じ絵の番号に○をつけよう。

例

mouse（ネズミ）

① tennis（テニス）
② mop（モップ）
③ man（男性）
④ milk（牛乳）

(3) 音声を聞いて、m の音ではじまれば○を、そう
　　でなければ×を書こう。

① ○ mail（郵便）
② ✕ name（名前）
③ ○ map（地図）
④ ○ moon（月）

(4) 文字を書こう。

M m

Letter Images

| h | j | l | m | n | o |

左の絵で文字を
イメージしてみ
よう。

Nnの音

N n

（1）文字の音を聞こう。
（2）音声を聞いて、例の絵とはじめの
音が同じ絵の番号に○をつけよう。

例

net(ネット)

① nut(ナッツ)
② nurse(看護師)
③ neck(首)
④ rain(雨)

（3）音声を聞いて、n の音ではじまれば○を、そうで
なければ×を書こう。

① ✕ melon(メロン)　② ○ night(夜)　③ ○ news(ニュース)　④ ○ nail(つめ)

（4）文字を書こう。

N n

Ooの音

O o

（1）文字の音を聞こう。
（2）音声を聞いて、例の絵とはじめの
音が同じ絵の番号に○をつけよう。

例

olive(オリーブ)

① eggplant(ナス)
② omelet(オムレツ)
③ **10月** October
④ octopus(タコ)

（3）音声を聞いて、単語の真ん中に o の音があれば○
を、なければ×を書こう。

① ○ log(丸太)　② ○ pot(ポット)　③ ○ fox(キツネ)　④ ✕ bag(バッグ)

（4）文字を書こう。

O o

Review ②

音声を聞いて、単語のはじめの音の文字に○をつけて、
ここで学習した音をふり返ろう。

（1）

moon(月)
[b ⓜ n]

（2）

house(家)
[n ⓗ d]

（3）

lettuce(レタス)
[① m j]

聞いてみよう②

音声を聞こう。気づいたことはあるかな。

Can you see a frog?
(あなたはカエルが見える？)
Where? (どこに？)

Look, he is on the log!
(ほら、丸太の上にいるよ！)

Unit2 Sounds and Letters **41**

Our Goal　週末にしたことを伝え合おう。

教科書 pp.26-27

Starting Out　週末をどのように過ごしたか聞き取ろう。

Listen and Think

Unit3では、週末にしたことを友達に伝えたりたずねたりするよ。

次のページには、話している英語の一部がのっているよ。重要な表現を確認しよう。

❖は音声が聞こえる時間を表すよ。pp.168-169に全文がのっているよ。

① 英語を聞いて、場面の順に番号を書こう。

② それぞれの場面で分かったことを書こう。

例　I went to ～ .／I enjoyed ～ .
（わたしは～に行きました。）（わたしは～をして楽しみました。）
How was your weekend?
（週末はどうでしたか？）

How was your weekend?に注意しながら音声を聞いてみよう。

Would you like ~? は「〜はいかがですか。」という意味だよ。

❖ 00:32

Emma：Would you like some Swiss food?
（いくらかスイスの食べ物はいかが？）

Saki：Oh. Yes, please!
（おお。はい、ぜひ！）

How was your weekend? は「週末はどうでしたか？」という意味だよ。

Sophia：How was your weekend, Saki?
（早紀、週末はどうだった？）

Saki：I went to an international party with my brother.
（わたしはお兄さんと国際交流パーティーに行ったわ。）

Sophia：Wow! How was it?
（わあ！　それはどうだった？）

Saki：It was fun. I ate Swiss food. It was delicious.
（楽しかったわ。スイスの食べ物を食べたの。とてもおいしかったわよ。）

「すばらしかったです！」と言いたいときには、It was great! を使うよ。

Saki：How was your weekend, Sophia?
（ソフィア、週末はどうだった？）

Sophia：I went to the stadium. I enjoyed watching a rugby game. I ate fried chicken. It was great!
（わたしはスタジアムに行ったの。わたしはラグビーの試合を見て楽しんだわ。わたしはフライドチキンを食べたのよ。すばらしかった！）

Lucas：I watched a soccer game on TV.
（ぼくはサッカーの試合をテレビで見たよ。）

before は「〜の前に」という意味だよ。

❖ 00:14

Lucas：The All Blacks perform the Haka before games. The Haka is a unique dance from New Zealand.
（オール・ブラックスは試合の前にハカを披露するんだ。ハカは、ニュージーランドの独特の踊りなんだよ。）

┌─ ② 分かったこと 解答例 ───────────────────────────────┐
│ 1 早紀はエマにスイスの食べ物をすすめられた。
│ 2 ソフィアが早紀に週末はどうだったかたずねている。早紀は国際交流パーティーでのことを話して聞かせている。
│ 3 ソフィアはスタジアムでラグビーの試合を、ルーカスはテレビでサッカーの試合をそれぞれ週末に見たと言っている。
│ 4 ルーカスはニュージーランド代表チームのオールブラックスについて話している。
└──┘

次の4線を使って、習った表現や単語を書く練習をしてみよう。

話している英語の一部から、重要な表現を確認しよう。

Watch and Think

エマが週末にしたことを話しているよ。映像を見て、質問に答えよう。

Emma： Hi, I'm Emma. I'm from Switzerland. I enjoyed the international party last Saturday. It was fantastic. I ate cheese fondue there. Cheese fondue is a traditional food in Switzerland. It was delicious. How was your weekend? Did you eat something delicious? Tell me about your weekend!

（こんにちは、わたしはエマです。わたしはスイスの出身です。先週の土曜日にわたしは国際交流パーティーを楽しみました。それはすばらしかったです。わたしはそこでチーズフォンデュを食べました。チーズフォンデュはスイスの伝統的な食べ物です。とてもおいしかったですよ。あなたの週末はどうでしたか？　何かおいしいものを食べましたか？あなたの週末について教えてください！）

1 エマが週末の土曜日に食べたものはどれかな。番号に○をつけよう。

① cheese fondue　② ice cream　③ pizza

2 エマに伝えたいあなたが週末にしたことを考えよう。

Your Plan

I ate ～. や How was your weekend? に注意しながら、映像を見よう。

次ページの My Picture Dictionary の単語も参考にしながら、
あなたが週末にしたことを考えてみよう。

① cheese fondue　チーズフォンデュ
② ice cream　アイスクリーム
③ pizza　ピザ

 したこと ▶ p.23　　 町 ▶ p.26

Watch and Think 解答例
1 ①
2 I went to the supermarket.（スーパーマーケットに行きました。）
　I enjoyed watching TV.（テレビを見ることを楽しみました。）

（例）<u>I went to the stadium.</u> （わたしはスタジアムに行きました。）

I went to ^(例) the library.

（わたしは図書館に行きました。）

My Picture Dictionary

したこと

ate	went	saw	had	made
食べた	行った	見た	持っていた	作った

町

enjoyed	played	watched
楽しんだ	〈スポーツなどを〉した	〈テレビなどを〉見た

house	park	library	museum	hospital
家	公園	図書館、図書室	博物館、美術館	病院

bus stop	station	police station	fire station	post office
バス停	駅	警察署	消防署	郵便局

bookstore	restaurant	supermarket	castle	shrine
書店	レストラン	スーパーマーケット	城	神社

temple
寺

church
教会

aquarium
水族館

stadium
スタジアム

zoo
動物園

amusement park
遊園地

convenience store
コンビニエンスストア

elementary school
小学校

junior high school
中学校

乗り物

bus
バス

taxi
タクシー

bike
自転車

train
電車

ポイント

「したこと」を表す単語も覚えていろいろなことを言えるようにしよう！

次の４線を使って、習った表現や単語を書く練習をしてみよう。

Let's Watch　ソフィアたちは週末についてどのような会話をしているのかな。

p.43 の会話をふりかえってみよう。

Sophia：I went to **the stadium. I enjoyed watching a rugby game. I ate fried chicken. It was great!**

（わたしはスタジアムに行ったの。わたしはラグビーの試合を見て楽しんだわ。わたしはフライドチキンを食べたのよ。すばらしかった！）

ガイド **p.43** の会話を思い出そう。ソフィアは、**How was your weekend?** と、週末の過ごし方についてたずねられたんだね。

Let's Listen 1　週末についての会話を聞いて、それぞれの人物がしたことを線で結ぼう。

1　Daichi　大地

2　Mr. Oishi　大石先生

3　Ms. Baker　ベーカー先生

 department store　百貨店

 park　公園

 restaurant　レストラン

 home　家

 ate ice cream
アイスクリームを食べた

 ate pudding
プリンを食べた

 enjoyed watching TV
テレビを見て楽しんだ

 played baseball
野球をした

Let's Listen ① 解説

話している英語の一部から、解答につながる表現を確認しよう。pp.169-170に全文がのっているよ。

1
Sophia: How was your weekend, Daichi? （週末はどうだった、大地？）
Daichi: I went to the park. I ate ice cream. （ぼくは公園に行きました。アイスクリームを食べました。）

2
Sophia: How was your weekend? （週末はどうでしたか？）
Mr. Oishi: I went to a department store. I ate pudding there. （わたしは百貨店に行きました。そこでプリンを食べました。）

3
Sophia: How about you, Ms. Baker? （いかがですか、ベーカー先生？）
Ms. Baker: I stayed at home. I enjoyed watching TV! （わたしは家にいました。わたしはテレビを見て楽しみました。）

💬 Let's Try 1　週末にしたことを伝え合おう。

I went to Koshien Stadium.
I enjoyed watching a baseball game.

（ぼくは甲子園球場に行きました。野球の試合を見て楽しみました。）

Sounds good!

（いいわね！）

Tips

食べたものや見たものなどを伝えてもいいね。

ポイント

どこかに行ったことを伝えるとき、I went to 〜. と言うよ。「〜」の部分には、場所などが入るよ。
何かをして楽しんだことを伝えるときには、I enjoyed 〜. と言うよ。「〜」の部分には、たとえば watching TV、playing tennis などが入るよ。

Let's Listen① 解答
1 Daichi — park — ate ice cream
2 Mr. Oishi　— department store　— ate pudding
3 Ms. Baker — home — enjoyed watching TV

Let's Try① 解答例
● I went to the supermarket. （スーパーマーケットに行きました。）
● I enjoyed playing basketball. （バスケットボールをして楽しみました。）

Let's Read and Write 例文の音声を聞いて読み、週末にしたことを声に出しながら書こう。

(例) I enjoyed watching a rugby game. （わたしはラグビーの試合を見て楽しみました。）

I enjoyed ^(例)playing baseball.

（わたしは野球をして楽しみました。）

(例) I ate fried chicken. （わたしはフライドチキンを食べました。）

I ate ^(例)curry and rice.

（わたしはカレーライスを食べました。）

Let's Listen ② ナディアの週末についての会話を聞いて、①に「感想・様子」、②に「したこと」を表す単語を4線に書き写そう。

①

It was nice.

（よかったです。）

②

I ate sushi.

（わたしはすしを食べました。）

Let's Listen ② 解説

解答は上の赤文字を確認しよう。p.171に全文がのっているよ。

Let's Try ② 週末についての感想やしたことについてたずね合おう。

名前	週末についての感想	週末にしたこと
あなた		
友達		

How was your weekend?
（週末はどうだった？）

It was great.
I played soccer with my brother.

（最高だったわ。わたしはお兄さん
といっしょにサッカーをしたんだ。）

Tips

昨日したことを聞くときは What did you do yesterday? と言うよ。

ポイント

週末をどう過ごしたかについてたずねるとき、How was your weekend? と言うよ。It was **nice.** やIt was **great.** などと答えるよ。
したことを表すときは、I played 〜.、I ate 〜.、I went 〜. などが使えるよ。

Let's Listen② 解答

1 It was nice.
2 I ate sushi.

Let's Try② 解答例

● It was fun.（楽しかったです。）
● I went to a restaurant with my parents. I ate pizza there.（両親とレストランに行きました。そこでピザを食べました。）

   感想・様子 ▶ p.33

My Picture Dictionary

感想・様子 ▶

good	great	bad	nice	amazing
良い	すばらしい、すごい	悪い	すてきな、親切な	おどろくほどすばらしい

fantastic	wonderful	beautiful	cool	cute
すばらしい、すてきな	すばらしい、おどろくべき	美しい	かっこいい	かわいい

favorite	interesting	exciting	famous	popular
お気に入りの	おもしろい	わくわくさせる	有名な	人気のある

colorful	international	fun
色あざやかな	国際的な	楽しい

ポイント

感想・様子などを表す単語のことを「形容詞」と言うよ。

週末にしたことを伝え合って、
おたがいの生活をよく知ろう。

教科書
pp.30-31

Step 1 文を指で追いながら、ロビンソン先生と七海の会話を聞こう。

Nanami

How was your weekend?
（週末はどうだった？）

It was fun.
（楽しかったです。）

I went to the park with my friends.
（わたしは友達と公園に行きました。）

We enjoyed playing dodgeball.
（ドッジボールをして楽しみました。）

週末の過ごし方についてたずねるとき、How was your weekend? を使うよ。I went to ～. や I enjoyed ～. などを使って「したこと」について伝えることを思い出そう。It was fun. などで感想を伝えることもできるよ。

Step 2 内容を整理しながら「週末にしたことカード」を作り、週末についての感想やしたことなどについてペアで伝え合おう。

巻末
コミュニケーション
カード

例

My Weekend

It was fun.

週末についての感想
週末にしたこと

Memo

表現例

❶ How was the weather?
（天気はどうでしたか？）

❷ Are you good at dodgeball?
（あなたはドッジボールが上手ですか？）

その日はどんな天気だったかな。

会話を続ける表現例

Cool!
（いいね！）

単語例

 スポーツ ▶p.11　 天気 ▶p.19　 したこと ▶p.23　 感想・様子 ▶p.33

週末についての感想をていねいに書こう。

It was　(例) great!

あなたが週末にしたことや週末の感想を左下にメモしよう。表現例の意味も確認しておこう。

週末にしたこと　解答例

I went to the sea. I enjoyed swimming. It was great!
（わたしは海に行きました。泳いで楽しみました。最高でした！）

単語例

My Picture Dictionary　スポーツ

baseball	basketball	volleyball	dodgeball	rugby
野球	バスケットボール	バレーボール	ドッジボール	ラグビー
soccer	tennis	table tennis	badminton	cricket
サッカー	テニス	卓球（たっきゅう）	バドミントン	クリケット
gymnastics	track and field	judo	kendo	sumo
体操（たいそう）	陸上競技（りくじょうきょうぎ）	柔道（じゅうどう）	剣道（けんどう）	相撲（すもう）
swimming	skateboarding	skiing		
水泳	スケートボード	スキー		
fencing	road cycling	sailing	weightlifting	
フェンシング	ロードサイクリング	セーリング	重量挙げ	

figure skating
フィギュアスケート

ice hockey
アイスホッケー

boccia
ボッチャ

wheelchair tennis
車いすテニス

天気

sunny
晴れている

cloudy
くもった

windy
風の強い

rainy
雨がふっている

snowy
雪がふっている

cold
寒い

warm
暖かい

hot
暑い

humid
湿気の多い

Your Goal 「週末にしたことカード」を使って、たくさんの
友達と週末にしたことを伝え合おう。

月　　　日

（晴れていました。）
It was sunny.

例　はじめの
あいさつ　▶　週末にしたことを伝え合おう。　▶　終わりの
あいさつ

Brian：How was your weekend?
（週末はどうだった？）

Nanami：It was fun. I went to the park with my friends. We enjoyed playing dodgeball.
（楽しかったわ。わたしは友達と公園に行ったんだ。わたしたちはドッジボールをして楽しんだよ。）

Brian：Cool! Are you good at dodgeball?
（かっこいいね！　君はドッジボールが得意なの？）

Nanami：Yes, I am.
（うん、得意。）

Brian：How was the weather?
（天気はどうだった？）

Nanami：It was sunny.
（晴れていたよ。）

二次元コードから見られる映像を参考にして、会話で気をつけたいことをメモしよう。

Brian：Perfect.
（最高だね。）

Before 会話で気をつけたいこと	**After** 活動のふり返り

Tips　発表の感想を伝えると、会話が盛り上がるよ。

― 会話で気をつけたいこと 解答例 ―
- はじまりのあいさつをする
- 週末にしたことや楽しんだことなどを伝える
- 週末の感想もあれば伝える
- 指名をして、何か質問がないかたずねる
- 聞き手は上手なものや天気などについても質問をして、理解を深める
- 終わりのあいさつをする

言えたことの中から１文を書こう。

(例) I enjoyed playing the piano.
（わたしはピアノをひいて楽しみました。）

教科書
pp.34-35

文字の音に慣れ親しもう（３）

英語の文字の音にだいぶ慣れてきたかな。ここでは、新たに６つの文字の音を聞いていくよ。 解答

Kkの音

K k

（1）文字の音を聞こう。
（2）音声を聞いて、例の絵とはじめの音が同じ絵の番号に○をつけよう。

例
koala（コアラ）

① key（かぎ）
② watch（うで時計）
③ kite（たこ）
④ king（王）

（3）音声を聞いて、kの音ではじまれば○を、そうでなければ×を書こう。

① ◯	② ✕	③ ◯	④ ◯
kitchen（キッチン）	game（試合）	kangaroo（カンガルー）	kick（キック）

（4）文字を書こう。

Ppの音

P p

（1）文字の音を聞こう。
（2）音声を聞いて、例の絵とはじめの音が同じ絵の番号に○をつけよう。

例
pig（ブタ）

① pen（ペン）
② pan（平なべ）
③ bag（バッグ）
④ pot（深なべ）

（3）音声を聞いて、pの音ではじまれば○を、そうでなければ×を書こう。

① ✕	② ◯	③ ◯	④ ◯
fish（魚）	peach（モモ）	pie（パイ）	paper（紙）

（4）文字を書こう。

Rrの音

R r

（1）文字の音を聞こう。
（2）音声を聞いて、例の絵とはじめの音が同じ絵の番号に○をつけよう。

例
rice（米）

① nine（9）
② run（走る）
③ 赤 red（赤）
④ ruler（定規）

（3）音声を聞いて、rの音ではじまれば○を、そうでなければ×を書こう。

① ◯	② ◯	③ ◯	④ ✕
read（読む）	rain（雨）	rock（岩）	drum（ドラム）

（4）文字を書こう。

Ssの音

S s

（1）文字の音を聞こう。
（2）音声を聞いて、例の絵とはじめの音が同じ絵の番号に○をつけよう。

例
sun（太陽）

① sea（海）
② six（6）
③ soap（石けん）
④ zoo（動物園）

（3）音声を聞いて、sの音ではじまれば○を、そうでなければ×を書こう。

① ◯	② ◯	③ ✕	④ ◯
ski（スキー）	summer（夏）	ship（船）	snow（雪）

（4）文字を書こう。

Letter Images

k　　p　　r　　s　　t　　u

映像も見て、文字の形を覚えたり、英語の音に慣れ親しんでいこう。

Ttの音

T t

（1）文字の音を聞こう。
（2）音声を聞いて、例の絵とはじめの音が同じ絵の番号に○をつけよう。

例

top（こま）

① ○tiger（トラ）
② taxi（タクシー）
③ hat（ぼうし）
④ ten（10）

（3）音声を聞いて、tの音ではじまれば○を、そうでなければ×を書こう。

① ○ tent（テント）　② × dress（ドレス）　③ ○ train（列車）　④ ○ table（テーブル）

（4）文字を書こう。

T　　t

Uuの音

U u

（1）文字の音を聞こう。
（2）音声を聞いて、例の絵とはじめの音が同じ絵の番号に○をつけよう。

例

up（上に）

① orange（オレンジ）
② umbrella（かさ）
③ uncle（おじ）
④ umpire（審判員）

（3）音声を聞いて、単語の真ん中にuの音があれば○を、なければ×を書こう。

① × dog（犬）　② ○ cup（カップ）　③ ○ bus（バス）　④ × map（地図）

（4）文字を書こう。

U　　u

Review ③

音声を聞いて、単語のはじめの音の文字に○をつけて、ここで学習した音をふり返ろう。

（1）

rabbit（ウサギ）
[k　n　(r)]

（2）

pizza（ピザ）
[(p)　b　m]

（3）

seven（7）
[d　(s)　t]

聞いてみよう③

音声を聞こう。気づいたことはあるかな。

Run, run, run.（走れ、走れ、走れ。）

Have fun in the sun.
（太陽の下で楽しんで。）

Unit3 Sounds and Letters **57**

世界を見てみよう。

Unit 4

Let's see the world.

教科書
pp.38-39

Our Goal 世界の行きたい国について紹介し合おう。

Listen and Think

1 英語を聞いて、場面の順に番号を書こう。

2 それぞれの場面で分かったことを書こう。

　Unit4 では、世界の行きたい国やそこでできることなどについて紹介し合ったりするよ。

　次のページには、話している英語の一部がのっているよ。重要な表現を確認しよう。

　❖は音声が聞こえる時間を表すよ。pp.174-175 に全文がのっているよ。

例　**Where do you want to go?**
（あなたはどこに行きたい？）
I want to go to ～ . ／ You can ～ .
（わたしは～に行きたいです。）（～ができるよ。）

I want to go to ～.に注意しながら音声を聞いてみよう。

Let's go to ～. は「～に行きましょう。」
という意味だよ。

❖ 00:08

Mr. Oishi：First, can you tell us about
Australia, Sophia?
（最初に、わたしたちにオーストラリアについ
て教えてくれますか、ソフィア？）

Sophia：Sure. Australia is a nice country.
You can see Uluru, Ayers Rock.
It's a very big brown rock. It's a
World Heritage site. And you
can eat crocodile steak in
Australia. It's delicious. Let's go
to Australia.
（もちろん。オーストラリアはよい国です。ウル
ル、つまりエアーズロックが見ることができま
す。それはとても大きな茶色い岩です。世界遺
産です。それから、オーストラリアではワニス
テーキを食べることができます。おいしいです
よ。オーストラリアに行きましょう。）

Mr. Oish：Ah, I want to go to Australia!
（ああ、わたしはオーストラリアに行きたいで
す！）

- -

Sophia：Where do you want to go,
Daichi?
（あなたはどこに行きたいの、大地？）

Daichi：I want to go to America. You can
eat big hamburgers in America.
You can see the Golden Gate
Bridge. You can visit the
Computer History Museum in
California.
（ぼくはアメリカに行きたいな。アメリカでは大
きなハンバーガーを食べることができるよ。ゴー
ルデンゲートブリッジを見ることができるんだ。
カリフォルニアのコンピューター歴史博物館を
おとずれることができるよ。）

You can ～. は「（あなた（たち）は）～す
ることができます。」という意味だよ。

It's delicious. は「おいしいです。」という意味だよ。ここではpho「フォー」のことを言っているんだ。

❖ 00:04

Daichi : Where do you want to go?
（君はどこに行きたい？）

Nadia : I want to go to Vietnam. I want to buy an ao dai, a Vietnamese dress. I want to wear it.
（わたしはベトナムに行きたいな。アオザイという、ベトナムのドレスを買いたい。わたしはそれを着たいの。）

Mr. Oishi : And you can eat pho. It's delicious.
（そして、フォーを食べることができますね。とてもおいしいですよ。）

Come to 〜! は「〜に来て！」という意味だよ。

❖ 00:15

Lucas : Come to Brazil! You can see many unique plants and animals in the rainforest.
（ブラジルに来て！　熱帯雨林でたくさんの固有の植物と動物を見ることができるよ。）

分かったことをメモしよう

---

2 分かったこと 解答例

1 世界について学んでいる。ソフィアがオーストラリアについて話している。
2 大地はアメリカに行きたいと思っていて、そこでできることについて話している。
3 ナディアはベトナムに行きたいと思っている。アオザイを買って着てみたいと言っている。
4 ルーカスが、たくさんの固有の植物と動物がいるブラジルへ来るよう言っている。

話している英語の一部から、重要な表現を確認しよう。
❖は音声が聞こえる時間を表すよ。p.175 に全文がのっているよ。

👾 Watch and Think

ベーカー先生がふるさとのボストンについて話しているよ。映像を見て、質問に答えよう。

1️⃣ ベーカー先生はボストンでどんなスポーツが見られると言っているかな。番号に○をつけよう。

① basketball　② tennis　③ volleyball

2️⃣ あなたがベーカー先生に伝えたい、行きたい国を考えよう。

Your Plan

❖ 00:25
Ms. Baker：You can enjoy professional sports in Boston: basketball, ice hockey, football, and, of course, baseball! I love the Boston Red Sox!
（ボストンではプロスポーツが楽しめます。バスケットボール、アイスホッケー、アメリカンフットボール、そしてもちろん野球！　わたしはボストン・レッドソックスが大好きです！）

You can 〜. に注意しながら、映像を見よう。

① basketball
バスケットボール
② tennis
テニス
③ volleyball
バレーボール

次ページのMy Picture Dictionary の単語も参考にしながら、あなたが行きたい世界の国について考えてみよう。

  Map of the World
▶ pp.2-3

 動作など
▶ p.23

― Watch and Think 解答例 ―
1️⃣ ①
2️⃣ I want to go to Peru. (ペルーに行きたいです。)

Let's Read and Write 例文の音声を聞いて読み、行きたい国を声に出しながら書こう。

（例）Let's go to Australia.（オーストラリアに行こう。）

Let's go to （例）France.

（フランスに行こう。）

My Picture Dictionary

Map of the World

North America 北アメリカ	South America 南アメリカ
Oceania オセアニア	Asia アジア
Europe ヨーロッパ	Africa アフリカ

the U.K. イギリス ／ France フランス ／ Egypt エジプト ／ China 中国

北 north ／ west 西 ／ east 東 ／ south 南

Australia オーストラリア ／ Japan 日本 ／ America アメリカ ／ Brazil ブラジル

動作など

Unit 1　speak〈言語を〉話す／ live 住む／ make 作る／ wear 身につけている、着ている

Unit 2　talk 話す／ watch 見る／ read 読む／ help 手伝う／ practice 練習する

Unit 3　clean そうじをする／ enjoy 楽しむ／ Unit 4 visit 訪問する／ ride 乗る／ Unit 5 come 来る

get
手に入れる

Unit 6
save
救う

stop
止まる

Unit 7
study
勉強する

Unit 8
join
参加する

work
働く

ポイント

動作を表す単語を覚えておくと、話せることが増えるよ。

次の4線を使って、習った表現や単語を書く練習をしてみよう。

行きたい国とそこでできることを
調べて紹介しよう。

教科書
pp.40-41

 Let's Watch　大地は行きたい国についてどのようなことを話しているのかな。

p.59 の会話をふりかえってみよう。

Daichi : I want to go to America. You can eat big hamburgers in America. You can see the Golden Gate Bridge. You can visit the Computer History Museum in California.

（ぼくはアメリカに行きたいな。アメリカでは大きなハンバーガーを食べることができるよ。ゴールデンゲートブリッジを見ることができるんだ。カリフォルニアのコンピューター歴史博物館をおとずれることができるよ。

ガイド p.59 の会話を思い出そう。You can ～.を使って（そこで）できることについて話していたね。

 **Let's Listen**　大石先生がルーカスたちに行きたい国をたずねているよ。会話を聞いて、聞こえた順に 1 ～ 3 の番号を書こう。

India
インド

China
中国

Morocco
モロッコ

Peru
ペルー

Italy
イタリア

 America
アメリカ

Let's Listen 解説

話している英語の一部から、解答につながる表現を確認しよう。**p.176-177**に全文がのっているよ。

1
Mr. Oishi: How about India?（インドはどう？）
Lucas: That sounds interesting.（それはおもしろそうですね。）
2
Saki: I want to go to Italy.（わたしはイタリアに行きたいです。）
3
Sophia: I want to go to America.（アメリカに行きたいです。）

 Let's Try に巻末絵カードを置いて、それぞれの国でできることを紹介し合おう。

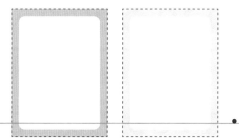

You can ☐ ☐ .

Where do you want to go?
（君はどこに行きたい？）

I want to go to Italy.
You can eat pizza.

（ぼくはイタリアに行きたいな。ピザを食べることができるよ。）

Tips
What can you do in China?
などと、その国で何ができる
かたずねてみよう。

ポイント

どこに行きたいかについてたずねるとき、Where do you want to go?と言うよ。それに答えるときにはI want to go to 〜.と言おう。「〜」の部分には、場所が入るよ。そこでできることはYou can 〜.で言うことができるよ。

— Let's Listen 解答 —
India　1
Italy　2
America　3

— Let's Try 解答例 —
● You can eat curry.
　（カレーを食べることができます。）
● You can see Big Ben.
　（ビッグベンを見ることができます。）

 **Let's Read and Write** 例を参考に、My Picture Dictionary の Map of the World や、Digital Map を活用して、行きたい国について調べて書こう。

例

Let's go to France.

（フランスに行こう。）

You can see the Eiffel Tower.

（エッフェル塔を見ることができるよ。）

It's beautiful.

（美しいよ。）

●行きたい国

（例）
Let's go to Spain.

（スペインに行こう。）

 見られるもの

（例）
You can see flamenco.

（フラメンコを見ることができるよ。）

It's fantastic!

（すばらしいよ！）

 食べられるもの・買えるものなど

（例）
You can eat paella.

（パエリアを食べることができるよ。）

It's delicious.

（とてもおいしいよ。）

My Picture Dictionary

感想・様子

good 良い	great すばらしい、すごい
bad 悪い	nice すてきな、親切な
amazing おどろくほどすばらしい	

fantastic すばらしい、すてきな	wonderful すばらしい、おどろくべき
beautiful 美しい	cool かっこいい
cute かわいい	

favorite お気に入りの	interesting おもしろい
exciting わくわくさせる	famous 有名な
popular 人気のある	

colorful 色あざやかな	international 国際的な
fun 楽しい	

次の4線を使って、習った表現や単語を書く練習をしてみよう。

行きたい国について、
その国の魅力(み りょく)を紹介(しょうかい)し合おう。

教科書
pp.42-43

Step 1 文を指で追いながら、ブライアンの紹介していることを聞こう。

Brian

Let's go to France.
(フランスに行きましょう。)
You can see the Eiffel Tower.
(エッフェル塔を見ることができます。)
It's beautiful.
(美しいです。)
France is a nice country.
(フランスはすてきな国です。)

行きたい国では
何ができるかな。

「～に行きましょう」は **Let's go to** ～.と言うよ。(そこで)できることを言うときは **You can** ～.を使うのだったね。

Step 2 「行きたい国カード」を作り、その国の魅力をペアで紹介し合おう。

巻末(かんまつ)
コミュニケーション
カード

行きたい国

見られるもの

例
Let's go to France.

表現例
❶ Where do you want to go?
(あなたはどこに行きたいですか？)
❷ You can visit a famous museum.
(有名な美術館をおとずれることができます。)

どんどん質問を
してみよう。

単語例
● Map of the World ▶ pp.2-3　● 動作など ▶ p.23
● 町 ▶ p.26　　　　　　　　● 感想・様子 ▶ p.33

会話を続ける表現例
Anything else?
(他に何かありますか？)

あなたの「行きたい国」や「その国でできること」を左下にメモしよう。表現例
の意味も確認しておこう。

― 行きたい国　解答例 ―
I want to go to the Netherlands. You can see windmills. You can eat cheese. It's delicious!
（わたしはオランダに行きたいです。風車を見ることができます。チーズを食べることができます。とてもおいしいです！）

Step 2 単語例

house 家	park 公園	library 図書館、図書室	museum 博物館、美術館	hospital 病院
bus stop バス停	station 駅	police station 警察署	fire station 消防署	post office 郵便局
bookstore 書店	restaurant レストラン	supermarket スーパーマーケット	castle 城	shrine 神社
temple 寺	church 教会	aquarium 水族館	stadium スタジアム	zoo 動物園

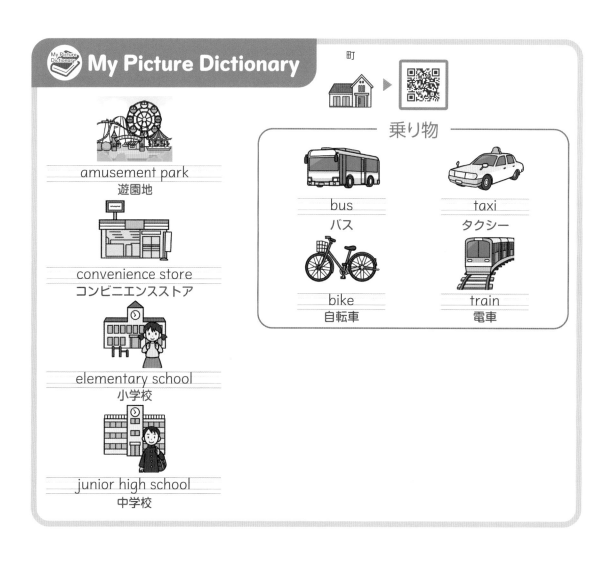

町

乗り物

amusement park
遊園地

convenience store
コンビニエンスストア

elementary school
小学校

junior high school
中学校

bus
バス

taxi
タクシー

bike
自転車

train
電車

Your Goal

「行きたい国カード」を使って、たくさんの友達と
その国の魅力を紹介し合おう。　　　　　月　　　日

例

はじめのあいさつ

↓

行きたい国の魅力を
紹介し合おう。

↓

終わりのあいさつ

Let's go to France.

Brian： Where do you want to go?
（君はどこに行きたい？）

Akina： Hm, I don't know. Where do you want to go?
（うーん、わからないや。あなたはどこに行きたい？）

Brian： Let's go to France. You can see the Eiffel Tower. It's beautiful. France is a nice country.
（フランスに行こうよ。エッフェル塔を見ることができるよ。美しいんだよ。フランスはすてきな国だよ。）

Akina： Oh, I see. Anything else?
（へえ、そう。他には何かある？）

Brian： You can eat delicious bread. You can visit a famous museum, too. You can see *the Mona Lisa* there.
（とてもおいしいパンを食べることができるよ。有名な美術館をおとずれることもできるし。そこで『モナ・リザ』を見ることができるよ。）

Akina： Oh, great!
（おお、すごいね！）

二次元コードから見られる映像を参考にして、会話で気をつけたいことをメモしよう。

Before 会話で気をつけたいこと	After 活動のふり返り

Tips タブレット端末などで写真を見せながら、その国の魅力を紹介してもいいね。

―― 会話で気をつけたいこと　解答例 ――
● 行きたい国はどこかをたずねる
● 行きたい国やそこでできることを伝える
● 他に何かないかたずねる

あなたが言ったことを書こう。

Let's go to （例）Canada.
（カナダに行きましょう。）

You can （例）see Niagara Falls.
（ナイアガラの滝を見ることができます。）

（例）It's great!
（すばらしいです！）

教科書
pp.46-47

文字の音に慣れ親しもう（4）

ここでも、新たな文字の音に慣れ親しんでいくよ。
引き続き、「聞いてみよう」にもチャレンジしてみようね。 解答

Vvの音

V v

（1）文字の音を聞こう。
（2）音声を聞いて、例の絵とはじめの
　　音が同じ絵の番号に○をつけよう。

例

van（バン）
① ②
volleyball（バレーボール）
③ ④

vest（ベスト）　violin（バイオリン）　fall（秋）

（3）音声を聞いて、vの音ではじまれば○を、そうで
　　なければ×を書こう。

① ○ ② ○ ③ ○ ④ ×
vet（じゅう医）　victory（勝利）　vacation（休か）　bird（鳥）

（4）文字を書こう。

V v

Wwの音

W w

（1）文字の音を聞こう。
（2）音声を聞いて、例の絵とはじめの
　　音が同じ絵の番号に○をつけよう。

例

rock（岩）
① ②
wing（羽）
③ ④

wolf（オオカミ）　water（水）　web（クモの巣）

（3）音声を聞いて、wの音ではじまれば○を、そうで
　　なければ×を書こう。

① × ② ○ ③ ○ ④ ○
rugby（ラグビー）　watch（うで時計）　wet（ぬれた）　wind（風）

（4）文字を書こう。

Yyの音

Y y

（1）文字の音を聞こう。
（2）音声を聞いて、例の絵とはじめの
　　音が同じ絵の番号に○をつけよう。

例

yogurt（ヨーグルト）
① ②
pink
もも（色）
③ ④
黄

yacht（ヨット）　yo-yo（ヨーヨー）　yellow

（3）音声を聞いて、yの音ではじまれば○を、そうで
　　なければ×を書こう。

① ○ ② ○ ③ × ④ ○
year（年）　young（若い）　east（東）　yes（はい）

（4）文字を書こう。

Y y

Zzの音

Z z

（1）文字の音を聞こう。
（2）音声を聞いて、例の絵とはじめの
　　音が同じ絵の番号に○をつけよう。

例

zoo（動物園）
① ②
zero（ゼロ）
③ ④

zebra（シマウマ）　sky（空）　zipper（ジッパー）

（3）音声を聞いて、zの音ではじまれば○を、そうで
　　なければ×を書こう。

① ○ ② × ③ ○ ④ ○
zoom（ブーンと鳴る）　juice（ジュース）　zigzag（ジグザグ）　zone（地帯）

（4）文字を書こう。

Letter Images

| v | w | y | z | x | i |

文字の形が分からなかったら、左のイメージをヒントに思い出そう。

Xxの音

X x

（1）文字の音を聞こう。
（2）音声を聞いて、例の絵と終わりの音が同じ絵の番号に○をつけよう。

例

fox（キツネ）

① box（箱）
② clock（時計）
③ six（6）
④ mix（混ぜる）

（3）音声を聞いて、x の音で終わっていれば○を、そうでなければ×を書こう。

① ○ wax（ワックス）
② ○ fax（ファックス）
③ × check（チェック）
④ × bus（バス）

（4）文字を書こう。

X   X

Iiの音

I i

（1）文字の音を聞こう。
（2）音声を聞いて、例の絵とはじめの音が同じ絵の番号に○をつけよう。

例

ink（インク）

① apple（リンゴ）
② iguana（イグアナ）
③ India（インド）
④ Italy（イタリア）

（3）音声を聞いて、単語の真ん中に i の音があれば○を、なければ×を書こう。

① ○ pig（ブタ）
② × cat（ネコ）
③ × bed（ベッド）
④ ○ six（6）

（4）文字を書こう。

I   i

Review ④

音声を聞いて、単語のはじめの音の文字に○をつけて、ここで学習した音をふり返ろう。

（1）

winter（冬）

[l （w） r]

（2）

vet（じゅう医）

[b z （v）]

（3）

yard（庭）

[（y） z t]

聞いてみよう④

音声を聞こう。気づいたことはあるかな。

My pet is a pig. （ぼくのペットはブタなんだ。）

He is big. （彼は大きいんだ。）

He can jump! （彼はジャンプできるんだよ！）

Unit 5

Where is it from?

教科書 pp.48-49

Our Goal 世界とのつながりを考え、グループで発表しよう。

Starting Out どの国から来たものか聞き取ろう。

Listen and Think

1. 英語を聞いて、場面の順に番号を書こう。
2. それぞれの場面で分かったことを書こう。

Unit5 では、身の回りのものがどの国から来たのかについて紹介したりするよ。

次のページには、話している英語の一部がのっているよ。重要な表現を確認しよう。

❖は音声が聞こえる時間を表すよ。pp.180-181 に全文がのっているよ。

例 This is 〜 . ／ It's from 〜 . ／
（これは〜です。）（それは〜製です。）
Where is it from ?
（それはどこから来ましたか？）

fromに注意しながら音声を聞いてみよう。

What do you think?は「(あなたは)どう思いますか?」という意味だよ。

Sophia：I like this sweater. Mom, what do you think?
（わたしはこのセーターが好き。お母さん、どう思う？）

Ruby：It looks really nice on you. Let me see. Oh, this sweater is from New Zealand. It's wool. New Zealand wool is very good.
（あなたに本当によく似合うわ。見せてごらん。あら、このセーターはニュージーランド製ね。羊毛よ。ニュージーランドの羊毛はとてもいいのよね。）

- -

〜 is in .... は「〜は…にあります。」という意味だよ。

❖ 00:46

Sophia：This is my sweater. It's from New Zealand.
（これはわたしのセーターです。ニュージーランド製です。）

Ms. Baker：Where is New Zealand, Sophia?
（ニュージーランドはどこですか、ソフィア？）

Sophia：New Zealand is in Oceania. It's close to Australia. New Zealand is a beautiful country.
（ニュージーランドはオセアニアにあります。オーストラリアの近くです。ニュージーランドは美しい国です。）

- -

I'm doing my homework.は「わたしは宿題をしています」という意味になるよ。

Sophia：The potatoes are from Hokkaido. The octopus is from Morocco. The salmon is from Norway.
（ジャガイモは北海道産。タコはモロッコ産。サーモンはノルウェー産。）

Ruby：What are you doing, Sophia?
（何をしているの、ソフィア？）

Sophia：I'm doing my homework. These things come from many places.
（わたしは宿題をやっているの。これらのものはたくさんの場所から来ているのね。）

電話で、「（かけているのは）わたしよ。」と名乗るときは It's me. と言うよ。

Kevin：Hello?
（もしもし？）

Sophia：Hi, Dad. It's me, Sophia.
（もしもし、お父さん。わたしよ、ソフィアよ。）

❖ 00:15

Sophia：We are coming back to Australia next holiday. We have a big present for you!
（わたしたちは次の休日にオーストラリアに戻るよ。あなたへの大きなプレゼントがあるよ！）

Kevin：Really? Wow! I can't wait.
（本当？　わあ！　待ち切れないよ。）

┌─ 分かったことをメモしよう ──────────────┐
│   │
│   │
│   │
│   │
│   │
└───┘

┌─ ②分かったこと 解答例 ──────────────────┐
│ ① ソフィアが気に入ったセーターはニュージーランド製の良い羊毛だということが分かった。 │
│ ② ソフィアが、ニュージーランドはオセアニアにある国だと話している。 │
│ ③ ソフィアはサーモンがノルウェーから来ていると言っている。 │
│ ④ ソフィアは父親に電話で、次の休みにオーストラリアへ戻り、そのときにプレゼントがあると言っている。 │
└───┘

次の4線を使って、習った表現や単語を書く練習をしてみよう。

教科書
p.49

話している英語の一部から、重要な表現を確認しよう。
❖は音声が聞こえる時間を表すよ。p.181 に全文が
のっているよ。

😮 Watch and Think

ソフィアのお父さんが自分の持ち物について話しているよ。映像を見て、質問に答えよう。

❖ 00:08

Kevin：My favorite pen is from Japan. I got it at a department store. Many of my pens are from Japan. And this is my car. It's from Japan, too. Do you have anything from another country? Where is it from?

（わたしのお気に入りのペンは日本製です。わたしはこれを百貨店で手に入れました。わたしのペンの多くは日本製です。それからこれはわたしの車です。これもまた日本製です。あなたは何か他の国から来たものを持っていますか？　それはどこから来ましたか？）

1 ソフィアのお父さんの車が生産された国はどこかな。番号に○をつけよう。

America

Germany

Japan

It's from 〜. に注意しながら、映像を見よう。

2 ソフィアのお父さんに伝えたいあなたの身の回りの外国から来たものについて考えよう。

Your Plan

① America アメリカ　② Germany ドイツ　③ Japan 日本

次ページの My Picture Dictionary の単語も参考にしながら、身の回りの外国から来たものについて考えてみよう。

My Picture Dictionary

Map of the World
▶ pp.2-3

衣類
▶ p.25

Watch and Think 解答例

1 ③
2 My doll is from France.（わたしの人形はフランス製です。）

Let's Read and Write 例文の音声を聞いて読み、身の回りのものを声に出しながら書こう。

(例) This is my sweater. （これはわたしのセーターです。）

This is my （例）hat.

（これはわたしのぼうしです。）

My Picture Dictionary

Map of the World

| North America 北アメリカ | South America 南アメリカ | Oceania オセアニア | Asia アジア | Europe ヨーロッパ | Africa アフリカ |

the U.K. イギリス / France フランス / Egypt エジプト / China 中国

北 north
west 西 / east 東
south 南

Australia オーストラリア / Japan 日本 / America アメリカ / Brazil ブラジル

衣類

shirt シャツ / T-shirt T シャツ / sweatshirt トレーナー

sweater セーター / uniform 制服（せいふく） / pants ズボン / jeans ジーンズ / cap 〈ふちのない〉ぼうし

hat 〈ふちのある〉ぼうし / gloves 手ぶくろ / socks 靴下（くつした） / shoes 靴（くつ）

次の4線を使って、習った表現や単語を書く練習をしてみよう。

身の回りのものがどの国から来たのか
調べて紹介し合おう。

教科書
pp.50-51

 Let's Watch　　ソフィアたちは身の回りのものについてどのような会話をしているのかな。

p.75 の会話をふりかえってみよう。

Sophia：This is **my sweater. It's from** New Zealand.
（これはわたしのセーターです。ニュージーランド製です。）

Ms. Baker：Where is New Zealand, Sophia?
（ニュージーランドはどこですか、ソフィア？）

Sophia：：New Zealand is in Oceania. It's close to Australia. New Zealand is a beautiful country.
（ニュージーランドはオセアニアにあります。オーストラリアの近くです。ニュージーランドは美しい国です。）

ガイドp.75の会話を思い出そう。It's from 〜.を使ってどこから来たのかを話していたね。

 Let's Listen ❶　　ルーカスの好きなサンドイッチについて聞いて、
その食材や産地を書こう。

食材　　　　　　　　　　産地

My Picture Dictionary 果物・野菜 ▶ p.14

Ⓑ bacon
ベーコン

Italy
イタリア

Ⓛ lettuce
レタス

Ⓣ

Kumamoto
熊本（くまもと）

Lucas
ルーカス

Let's Listen ❶ 解説

話している英語の一部から、解答につながる表現を確認しよう。p.182 に全文がのっているよ。
Lucas: L is for lettuce. The lettuce is from Nagano. T is for tomato.
（Lはレタスのことです。レタスは長野産です。Tはトマトのことです。）

Let's Try

Let's Listen ①を参考にオリジナルのサンドイッチを考えて、
たずね合おう。

Your Sandwich

	食材	産地
◯		
◯		
◯		

サンドイッチの食材

友達	サンドイッチ
	sandwich
	sandwich

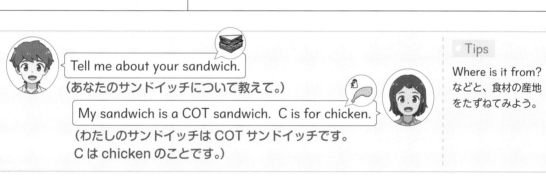

Tell me about your sandwich.
（あなたのサンドイッチについて教えて。）

My sandwich is a COT sandwich. C is for chicken.
（わたしのサンドイッチは COT サンドイッチです。
C は chicken のことです。）

Tips

Where is it from?
などと、食材の産地
をたずねてみよう。

ポイント

身の回りのものについて何のことかを表すとき、たとえば C is for chicken. のように言うよ。

Let's Listen① 解答
L：Nagano
T：tomato

Let's Try 解答例
● My sandwich is an ELB sandwich. E is for egg. It's from Ibaraki.
（わたしのサンドイッチは ELB サンドイッチです。E は egg のことです。それは茨城産です。）
● My sandwich is a FLT sandwich. F is for fish. It's from the U.S.
（わたしのサンドイッチは FLT サンドイッチです。F は fish のことです。それはアメリカ産です。）

Let's Listen 2 早紀のTシャツについて聞いて、4線に国名を書き写そう。

My Picture Dictionary

Map of the World
▶ pp.2-3

Made in

〜で作られた、〜製

Let's Listen 2 解説

話している英語の一部から、解答につながる表現を確認しよう。p.182に全文がのっているよ。

Nadia: **Where is it from?**（それはどこから来ているの？）
Saki: **It's from France!**（フランス製だよ！）

Let's Read and Write グループになって身の回りのものについて生産国を調べよう。

1 グループで食べ物や文房具、衣服など調べたいジャンルを決めよう。

調べたいジャンル
Memo

2 決めたジャンルのものについて生産国を調べて、その国がどこの地域にあるかを書こう。

(例) My sweater is from New Zealand. （わたしのセーターはニュージーランド製です。）

(例) # My blanket is from Canada.

（わたしの毛布はカナダ製です。）

(例) New Zealand is in Oceania. （ニュージーランドはオセアニアにあります。）

(例) # Canada is in North America.

（カナダは北アメリカにあります。）

食材 ▶ p.15

My Picture Dictionary

食材 ▶

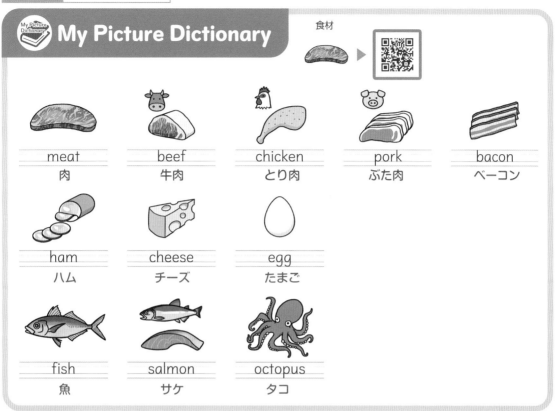

meat	beef	chicken	pork	bacon
肉	牛肉	とり肉	ぶた肉	ベーコン
ham	cheese	egg		
ハム	チーズ	たまご		
fish	salmon	octopus		
魚	サケ	タコ		

ポイント

牛はcowと言うけど、牛肉はbeefなんだね。それから、ブタはpigと言うけど、ぶた肉はporkだよ。

― Let's Listen② 解答 ―

France

次の4線を使って、習った表現や単語を書く練習をしてみよう。

世界とのつながりについて、
グループで調べたことを発表しよう。

教科書
pp.52-53

Step 1 🗣️ 🎧 🧑‍🏫 文を指で追いながら、ディーパの発表を聞こう。

Deepa

This is my cap.
（これはわたしのぼうしです。）
It's from Vietnam.
（ベトナム製です。）
Vietnam is in Asia.
（ベトナムはアジアにあります。）
Vietnam is a nice country.
（ベトナムはすてきな国です。）

身の回りのものを紹介するときには This is 〜.、そして、それがどこ製かを言うときには It's from 〜. と表すことを思い出そう。

Step 2 🗣️ ✏️ p.82 の Let's Read and Write で調べたことをもとに「世界とのつながりカード」を作り、グループで発表する内容を考えよう。

巻末
コミュニケーション
カード

発表するもの	それがどこから来たか

グループで話し合って気づいたこと

例

It's from Vietnam.

表現例
❶ We are the clothes team.
（わたしたちは衣服チームです。）
❷ Where is it from?
（それはどこから来ましたか？）

単語例	発表に関連する表現例
📖 ● Map of the World ▶ pp.2-3 ● 衣類 ▶ p.25 ● 食材 ▶ p.15 ● 文房具 ▶ p.29	Can you guess? （分かるかな？）

発表するものがどこから来たのかをていねいに書こう。

It's from (例)Italy.

あなたの「発表するもの」やそこから広がる「世界とのつながり」を左下にメモしよう。表現例の意味も確認しておこう。

― どこから来たものか　解答例 ―

This is my cup. It's from Denmark. Denmark is in Europe.
（これはわたしのカップです。それはデンマーク製です。デンマークはヨーロッパにあります。）

Step 2 単語例

文房具

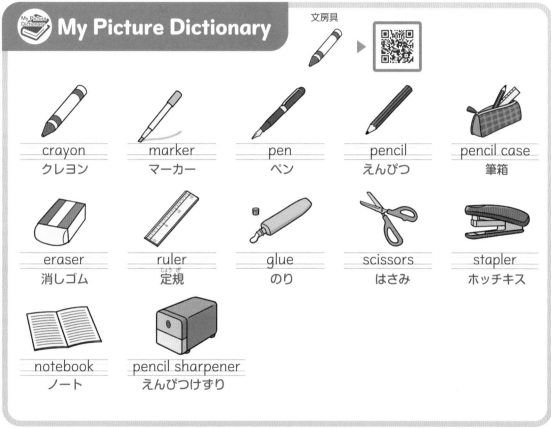

My Picture Dictionary

crayon	marker	pen	pencil	pencil case
クレヨン	マーカー	ペン	えんぴつ	筆箱
eraser	ruler	glue	scissors	stapler
消しゴム	定規	のり	はさみ	ホッチキス
notebook	pencil sharpener			
ノート	えんぴつけずり			

次の４線を使って、習った表現や単語を書く練習をしてみよう。

例

はじめのあいさつ

▼

身の回りのものがどの国から来
たのかなどについて発表しよう。

▼

終わりのあいさつ

Deepa：Hello, everyone. We are the clothes team. Look at this.
This is **my cap.** Where is it from? Can you guess?
（こんにちは、みなさん。わたしたちは衣服のチームです。これを見てください。これ
はわたしのぼうしです。それはどこから来たものでしょうか？　分かりますか？）

Genki：Is it from China?
（中国製ですか？）

Deepa：No. It's from Vietnam. Vietnam is in Asia. Vietnam is a
nice country.
（いいえ。ベトナム製です。ベトナムはアジアにあります。ベトナムはすてきな国です。）

Genki：Oh, I see.
（へえ、そうなんですね。）

Itsuki：OK. It's my turn. This is **my shirt.**
（よし。ぼくの番ですね。これはぼくのシャツです。）

Brian：... That's all.
（… これで終わりです。）

All：Many clothes come from other countries. We are all
connected. Thank you for listening.
（たくさんの衣服が他の国から来ています。わたしたちは全てつながっています。聞いてくれ
てありがとう。）

二次元コードから見られる映
像を参考にして、発表で気を
つけたいことをメモしよう。

Before	発表で気をつけたいこと	After	活動のふり返り

Tips　発表する人は、聞いている人を意識して質問を投げかけたりしてみよう。

発表で気をつけたいこと　解答例

- はじまりのあいさつをする
- 身の回りのものがどの国から来ているのかなどについて発表する
- 聞いている人に質問を投げかけたりする
- 聞き手は質問に答えたり発表する人に質問をしたりして、理解を深める
- 終わりのあいさつをする

発表したことを書こう。

This is ^(例)my pen.
（これはわたしのペンです。）

^(例)It's from Germany.
（ドイツ製です。）

^(例)Germany is in Europe.
（ドイツはヨーロッパにあります。）

次の4線を使って、習った表現や単語を書く練習をしてみよう。

文字の音に慣れ親しもう（5）

> 「聞いてみよう」では、英語の文を楽しもう。

ここではまず Q q や E e の音に慣れ親しもう。
そのあと、「聞いてみよう」などの活動をしていくよ。 | 解答 |

Q q の音

Q q

(1) 文字の音を聞こう。
(2) 音声を聞いて、例の絵とはじめの音が同じ絵の番号に○をつけよう。

例
queen（女王）

question（質問）
①

quilt（キルト）
②

quiz（クイズ）
③

fall（秋）
④

(3) 音声を聞いて、q の音ではじまれば○を、そうでなければ×を書こう。

① ✕ good（良い）　② ○ quiz（クイズ）　③ ✕ sweet（あまい）　④ ○ quilt（キルト）

(4) 文字を書こう。

E e の音

E e

(1) 文字の音を聞こう。
(2) 音声を聞いて、例の絵とはじめの音が同じ絵の番号に○をつけよう。

例
egg（卵）

elevator（エレベーター）
①

album（アルバム）
②

elbow（ひじ）
③

elephant（ゾウ）
④

(3) 音声を聞いて、単語の真ん中に e の音があれば○を、なければ×を書こう。

① ✕ cup（カップ）　② ○ bell（ベル）　③ ✕ pig（ブタ）　④ ○ bed（ベッド）

(4) 文字を書こう。

Review ⑤

音声を聞いて、単語の真ん中の音の文字に○をつけよう。

(1)
map（地図）
[ⓐ e i]

(2)
fish（魚）
[o ⓘ u]

(3)
box（箱）
[a u ⓞ]

(4) 赤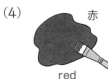
red
[ⓔ o i]

聞いてみよう⑤

音声を聞こう。気づいたことはあるかな。

You are a great boy.
（君はすばらしい男の子だ。）
You read well.
（君は本をよく読む。）
You spell well.
（君はつづるのが上手だ。）

Letter Images

q　　e

文字の音に慣れ親しむことはできたかな。

次のSounds and Lettersは、2つの文字で表す音がテーマだよ。

Review ⑥

音声を聞いて、単語の真ん中の音の文字に○をつけよう。

(1) [a e ⓤ]
hug(ハグする)

(2) [o ⓘ u]
milk (ミルク)

(3) [o ⓔ u]
web(クモの巣)

(4) [ⓐ e o]
cat(ネコ)

聞いてみよう⑥

音声を聞こう。気づいたことはあるかな。

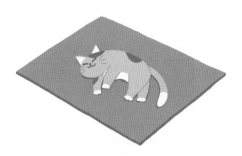

A cat is on a mat.
（マットの上にネコがいます。）
That cat is so cute!
（そのネコはとてもかわいいです！）

Review ⑦

音声を聞いて、単語の真ん中の音の文字に○をつけよう。

(1) [a ⓔ o]
tent(テント)

(2) [a ⓞ i]
jog (ジョギング)

(3) [ⓤ e a]
duck(アヒル)

(4) [ⓐ i o]
pan (平なべ)

聞いてみよう⑦

音声を聞こう。気づいたことはあるかな。

A fox is in four socks.
（キツネが4つの靴下をはいています。）
The fox is in a box.
（そのキツネは箱の中にいます。）

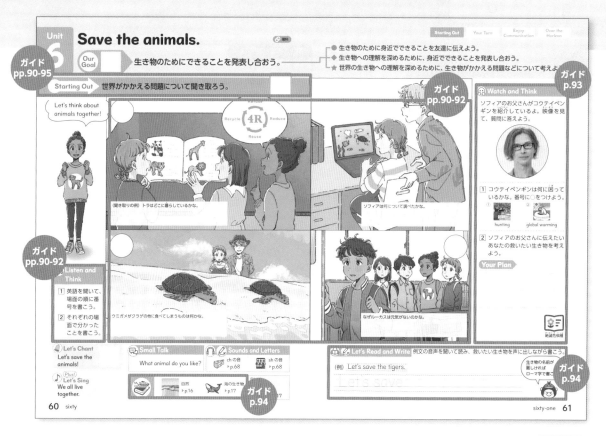

Starting Out　世界がかかえる問題について聞き取ろう。

🎧 Listen and Think

1 英語を聞いて、場面の順に番号を書こう。

2 それぞれの場面で分かったことを書こう。

　Unit6 では、生き物のために身近でできることについて伝えたり考えたりするよ。

　次のページには、話している英語の一部がのっているよ。重要な表現（ひょうげん）を確認（かくにん）しよう。

　❖は音声が聞こえる時間を表すよ。pp.186-188 に全文がのっているよ。

> 例　〜 live in ... . ／ Let's save the 〜 .
> 　（〜は…で暮らしています。）（〜を救いましょう。）
> 　　　〜 is a big problem .
> 　　　（〜は大きな問題です。）

動物たちにとってどんなことが問題になっているのか注意しながら音声を聞いてみよう。

That's right. は「その通り」という意味だよ。相手の言うことに賛成するときに使うよ。

❖ 00:17

Kevin：What do sea turtles eat?
（ウミガメは何を食べますか？）

Sophia：Oh, I know. Sea turtles eat jellyfish.
（ああ、知ってる。ウミガメはクラゲを食べるのよ。）

Kevin：That's right. But sea turtles sometimes eat plastic bags, too.
（その通り。でも、ウミガメは時々ビニール袋も食べるんだよ。）

Sophia：Plastic bags? Really?
（ビニール袋？　本当？）

look like ～は「～のように見える」という意味だよ。

❖ 00:12

Sophia：SDGs are 17 Sustainable Development Goals. And number 14 is Life Below Water.
（SDGs は 17 の持続可能な開発目標のことだって。そして 14 番目が「海の豊かさを守ろう」だよ。）

Kevin：Sea turtles sometimes eat plastic bags. Plastic bags look like jellyfish. A lot of plastic is in the oceans now. It is bad for many sea animals.
（ウミガメは時々ビニール袋を食べるんだ。ビニール袋はクラゲのように見えるんだね。今、たくさんのプラスチックが海中にある。多くの海の生き物にとって悪いことなんだ。）

forest loss は「森林がなくなること」という意味だよ。それは森林で暮らす生き物たちにとって大きな問題になっているんだ。

❖ 00:21

Sophia：Tigers live in forests. Hunting is a big problem. Forest loss is a big problem, too.
（トラは森で暮らしているの。狩猟（しゅりょう）は大きな問題なんだよ。森林がなくなることもまた大きな問題だよ。）

Saki：I see.
（なるほど。）

What happened?は「何かありましたか?」という意味だよ。

Nadia : Are you OK, Lucas?
　　　　（大丈夫、ルーカス?）

Lucas : Oh, sorry. I'm fine. Don't worry.
　　　　（ああ、ごめん。ぼくは元気だよ。心配しないで。）

❖ 00:21

Sophia : What happened?
　　　　（何かあったの?）

Daichi : I watched the sports news last night. A European soccer team wants Lucas's father!
　　　　（ぼくは昨晩スポーツニュースを見たんだ。ヨーロッパのサッカーチームがルーカスのお父さんをほしがってるんだ!）

Sophia : So he can't go to junior high school with us?
　　　　（じゃあ、彼はわたしたちといっしょに中学校へ行けないの?）

┌─ 分かったことをメモしよう ──────────────────────
│
│
│
│
│
│
└───────────────────────────────────────

┌─ ② 分かったこと 解答例 ──────────────────────
│ 1 ウミガメはクラゲの他に時々ビニール袋も食べてしまうとケビンが言っている。
│ 2 たくさんのプラスチックが海中にあって、海の生き物にとって悪いことだとケビンが言っている。
│ 3 ソフィアは、トラは森林で暮らしていると言っている。狩猟も森林がなくなることも大きな問題だと言っている。
│ 4 ルーカスのお父さんが仕事でヨーロッパに行くかもしれないと大地が言うのを聞いて、ソフィアはルーカスが自分たちといっしょに中学校へ行けないのかとたずねている。
└───────────────────────────────────────

次の4線を使って、習った表現や単語を書く練習をしてみよう。

話している英語の一部から、重要な表現を確認しよう。
❖は音声が聞こえる時間を表すよ。p.188 に全文が
のっているよ。

👁 Watch and Think

ソフィアのお父さんがコウテイペンギンを紹介しているよ。映像を見て、質問に答えよう。

1 コウテイペンギンは何に困っているかな。番号に○をつけよう。

① hunting   ② global warming

2 ソフィアのお父さんに伝えたいあなたの救いたい生き物を考えよう。

Your Plan

絶滅危惧種

❖ 00:04
Kevin：I live in Australia.
（わたしはオーストラリアに住んでいます。）

❖ 00:13
This is an emperor penguin. These penguins live on the ice. But now, we have a big problem: global warming. The ice is disappearing. So the penguins are in danger.
（これはコウテイペンギンです。このペンギンは氷の上で暮らしています。でも今、わたしたちには地球温暖化という大きな問題があります。氷が消失しています。ですから、ペンギンは危機にあります。）

コウテイペンギンの暮らしにとって大きな問題とは何かに注意しながら、映像を見よう。

① hunting
狩り

② global warming
地球温暖化

次ページの My Picture Dictionary の単語も参考にしながら、
救いたい生き物を考えてみよう。

  自然▶p.16   海の生き物▶p.17

─ Watch and Think 解答例 ─
1 ②
2 Koalas are in danger! Koalas live in the forest. Forest loss is a big problem.（コアラは危機にあります！　コアラは森で暮らしています。森がなくなることは大きな問題です。）

Let's Read and Write 例文の音声を聞いて読み、救いたい生き物を声に出しながら書こう。

(例) Let's save the tigers. （トラを救おう。）

Let's save the elephants.

（ゾウを救おう。）

 生き物の名前が難しければローマ字で書こう。

 My Picture Dictionary

自然

desert
砂漠

forest
森林

rainforest
熱帯雨林

lake
湖

mountain
山

river
川

savanna
サバンナ

sea
海

海の生き物

whale
クジラ

dolphin
イルカ

penguin
ペンギン

sea turtle
ウミガメ

fish
魚

shark
サメ

crab
カニ

jellyfish
クラゲ

次の４線を使って、習った表現や単語を書く練習をしてみよう。

Let's Watch 早紀たちはトラについてどのような会話をしているのかな。

p.91 の会話をふりかえってみよう。

Sophia： Tigers live in forests. Hunting is a big problem. Forest loss is a big problem, too.
（トラは森で暮らしています。狩猟は大きな問題です。森林がなくなることもまた大きな問題です。）

Saki： I see.
（なるほど。）

ガイドp.91 の会話を思い出そう。トラにとっての大きな問題について〜 is a big problem. を使って話していたね。

 Let's Listen 大石先生たちのスピーチを聞いて、生き物の暮らす場所とかかえている問題を線で結ぼう。

1 giraffe キリン

2 gorilla ゴリラ

3 coral reef サンゴ礁

savanna サバンナ

forest 森林

river 川

sea 海

hunting 狩猟

global warming 地球温暖化

plastic プラスチック

forest loss 森林がなくなること

話している英語の一部から、解答につながる表現を確認しよう。p.189に全文がのっているよ。

1

Mr. Oishi: Giraffes live in the savanna. But giraffes are in danger. Hunting is a big problem. (キリンはサバンナで暮らしています。でも、キリンは危機にあります。狩猟は大きな問題です。)

2

Lucas: Gorillas are so smart. Gorillas live in forests. Forest loss is a big problem.(ゴリラはとてもかしこいです。ゴリラは森林で暮らしています。森林がなくなることは大きな問題です。)

3

Ms. Baker: Of course, coral reefs live in the sea. But the sea is warming, and coral can't live. Let's stop global warming. (もちろん、サンゴしょうは海で生きています。でも、海が温暖化していてサンゴは生きることができません。地球温暖化を止めましょう。)

 Let's Try

p.94 の Let's Read and Write で書いた生き物について、その生き物の暮らす場所をたずね合おう。

（パンダはどこで暮らしていますか？）

 Where do pandas live?

Pandas live in forests.

（パンダは森林で暮らしています。）

Tips

Pandas live in China. のように、生き物が暮らす国を伝えることもできるね。

ポイント

ある生き物がどこで暮らしているかについてたずねるとき、Where do ～ live? と言うよ。暮らしている場所を答えるときには～ live in .... と言うよ。場所に当たる語は「...」に入れよう。

Let's Listen 解答

1 giraffe — savanna — hunting
2 gorilla — forest — forest loss
3 coral reef — sea — global warming

Let's Try 解答例

● Where do elephants live ?
（ゾウはどこで暮らしていますか？）
Elephants live in forests and savanna.
（ゾウは森やサバンナで暮らしています。）

 **Let's Read** ソフィアたちが水族館に遊びに行ったよ。飼育員さんが作ったポスターを見て、分かったことを書こう。

（ウミガメを救おう）
Let's Save the Sea Turtles

Hello. I'm Yuki. （こんにちは。ユキです。）

Look at this picture.（この写真を見てください。）

What can we do for the sea turtles?
（ウミガメのためにわたしたちは何ができますか？）

We can do the 4Rs.
（わたしたちは 4Rs を実践することができます。）

  Refuse　断る　⟳ Reuse　再利用する

 Reduce　減らす　♻ Recycle　再生利用する

分かったこと

 **Let's Read and Write** p.97 の Let's Try で伝えた生き物が暮らす場所と、かかえている問題を書こう。

(例) Tigers live in forests.　　　　　　（トラは森林で暮らしています。）

(例) # Elephants live in forests and savanna.
（ゾウは森林とサバンナで暮らしています。）

(例) Hunting is a big problem.　　　　　　（狩猟は大きな問題です。）

(例) # Forest loss is a big problem.
（森林がなくなることは大きな問題です。）

生き物の問題・
できること
▶ p.17

My Picture Dictionary

生き物の問題・
できること

forest loss
森林がなくなること

plant trees
木を植える

global warming
地球温暖化

save energy
エネルギーを節約する

plastic
プラスチック

use eco-friendly bags
エコバッグを使う

4Rs

refuse
断る

reduce
減らす

reuse
再利用する

recycle
再生利用する

ポイント

毎日の生活の中でも使われることが多い言葉なので覚えておこう！

Let's Read 分かったこと 解答例

ウミガメのためにわたしたちは4Rsを実践することができる。

次の4線を使って、習った表現や単語を書く練習をしてみよう。

身近でできることを発表し合って、
生き物への理解を深めよう。

教科書
pp.64-65

Step 1
 文を指で追いながら、ブライアンの発表を聞こう。

Brian

Let's save the sea turtles.
（ウミガメを救いましょう。）
Sea turtles live in the sea.
（ウミガメは海で暮らしています。）
Plastic is a big problem.
（プラスチックは大きな問題です。）
We can use eco-friendly bags.
（エコバッグを使うことができます。）

「〜を救いましょう。」と言うときはLet's save the 〜.で表すことを思い出そう。他にも、「〜は…で暮らしています。」は〜 live in .....、「〜は大きな問題です。」は〜 is a big problem.を使うんだったね。

Step 2
「わたしたちができることカード」を作り、
生き物のためにできることについてペアで発表の練習をしよう。

巻末
コミュニケーション
カード

あなたが救いたい生き物	その生き物が暮らす場所

その生き物が直面する問題や、その生き物のためにできること	Memo

例

We can use eco-friendly bags.

表現例
❶ I have an idea.（わたしに考えがあります。）
❷ We can reuse plastic bags, too.
（わたしたちはビニール袋を再利用することもできます。）

単語例
●海の生き物▶p.17
●動物▶p.16　●生き物の問題・
●自然▶p.16　　できること▶p.17

発表に関連する表現例
Nice idea!
（いい考えだね！）

生き物のためにできることをていねいに書こう。

We can ^{（例）}plant trees.

あなたが「救いたい生き物」や「その生き物が暮らす場所」などを左下にメモしよう。表現例の意味も確認しておこう。

できること 解答例

- Let's save the beetles.（カブトムシを救いましょう。）
- Beetles live in forests.（カブトムシは森林で暮らしています。）
- We can plant trees.（わたしたちは木を植えることができます。）

Step 2 単語例

bear	elephant	tiger	lion	horse
クマ	ゾウ	トラ	ライオン	ウマ
zebra	camel	giraffe	gorilla	monkey
シマウマ	ラクダ	キリン	ゴリラ	サル
orangutan	panda	koala	dog	cat
オランウータン	パンダ	コアラ	イヌ	ネコ
fox	rabbit	mouse	crocodile	snake
キツネ	ウサギ	ネズミ	ワニ	ヘビ
frog	bird			
カエル	鳥			

My Picture Dictionary

動物

例 | はじめの あいさつ ▶ | 身近でできることを発表しよう。 | 終わりの あいさつ

Brian : Hi, everyone. Let's save the sea turtles. I like sea
turtles. Sea turtles live in the sea. Plastic is a big
problem.
（こんにちは、みなさん。ウミガメを救いましょう。ぼくはウミガメが好きです。
ウミガメは海で暮らしています。プラスチックは大きな問題です。）

Deepa : What can we do for the sea turtles?
（ウミガメのためにわたしたちは何ができるかな？）

Brian : We can use eco-friendly bags.（エコバッグを使うことができます。）

Deepa : Oh, I see. （ああ、なるほど。）

Genki : I have an idea. We can reuse plastic bags, too.
（ぼくに考えがあるんだ。ぼくたちはビニール袋を再利用することもできるよ。）

Brian : Nice idea! （いい考えですね！）

二次元コードから見られる映
像を参考にして、発表で気を
つけたいことをメモしよう。

Before 発表で気をつけたいこと	After 活動のふり返り

Tips みんなで協力しながら、生き物について考えよう。

発表で気をつけたいこと 解答例
- はじまりのあいさつをする
- 救いたい生き物について伝える
- そのためにわたしたちができることがあるかたずねる
- 聞き手はできることについての考えを伝えて、理解を深める

発表したことを書こう。

(例) Let's save the polar bears.

（ホッキョクグマを救いましょう。）

Polar bears live on the ice.

（ホッキョクグマは氷の上に暮らしています。）

Global warming is a big problem.

（地球温暖化は大きな問題です。）

次の4線を使って、習った表現や単語を書く練習をしてみよう。

2つの文字で表す音に慣れ親しもう

英語には、2つの文字で表す音があるよ。ここではそれらに慣れ親しんでいこう。 解答

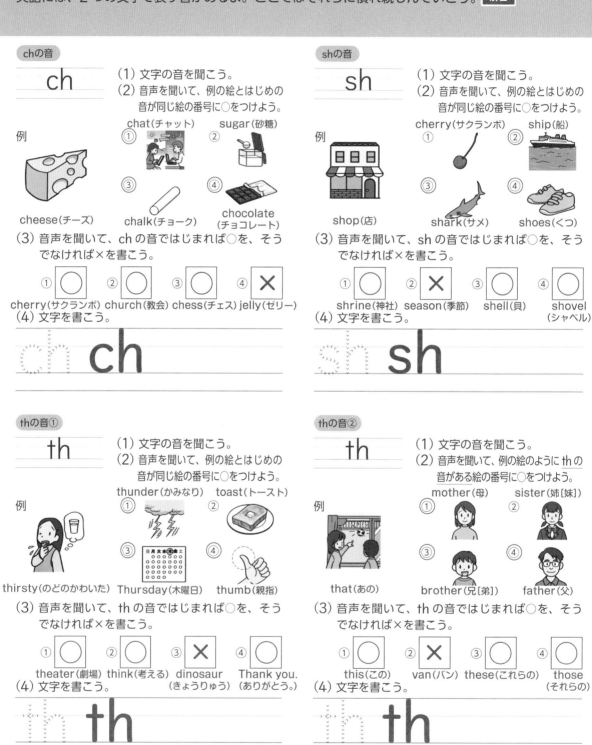

chの音

ch

（1）文字の音を聞こう。
（2）音声を聞いて、例の絵とはじめの音が同じ絵の番号に○をつけよう。

例 cheese（チーズ）

① chat（チャット）
② sugar（砂糖）
③ chalk（チョーク）
④ chocolate（チョコレート）

（3）音声を聞いて、ch の音ではじまれば○を、そうでなければ×を書こう。

① ○ cherry（サクランボ）
② ○ church（教会）
③ ○ chess（チェス）
④ × jelly（ゼリー）

（4）文字を書こう。
ch ch

shの音

sh

（1）文字の音を聞こう。
（2）音声を聞いて、例の絵とはじめの音が同じ絵の番号に○をつけよう。

例 shop（店）

① cherry（サクランボ）
② ship（船）
③ shark（サメ）
④ shoes（くつ）

（3）音声を聞いて、sh の音ではじまれば○を、そうでなければ×を書こう。

① ○ shrine（神社）
② × season（季節）
③ ○ shell（貝）
④ ○ shovel（シャベル）

（4）文字を書こう。
sh sh

thの音①

th

（1）文字の音を聞こう。
（2）音声を聞いて、例の絵とはじめの音が同じ絵の番号に○をつけよう。

例 thirsty（のどのかわいた）

① thunder（かみなり）
② toast（トースト）
③ Thursday（木曜日）
④ thumb（親指）

（3）音声を聞いて、th の音ではじまれば○を、そうでなければ×を書こう。

① ○ theater（劇場）
② ○ think（考える）
③ × dinosaur（きょうりゅう）
④ ○ Thank you.（ありがとう。）

（4）文字を書こう。
th th

thの音②

th

（1）文字の音を聞こう。
（2）音声を聞いて、例の絵のように th の音がある絵の番号に○をつけよう。

例 that（あの）

① mother（母）
② sister（姉[妹]）
③ brother（兄[弟]）
④ father（父）

（3）音声を聞いて、th の音ではじまれば○を、そうでなければ×を書こう。

① ○ this（この）
② × van（バン）
③ ○ these（これらの）
④ ○ those（それらの）

（4）文字を書こう。
th th

● 2つの文字で1つの音を表す wh を知っていると便利だね。下の表現を確認しよう。

① When? ② Where? ③ What? ④ Why?

いつ？　　　どこ？　　　何？　　　なぜ？

どれもこれまで学習してきた表現だね。

whの音

wh

（1）文字の音を聞こう。
（2）音声を聞いて、例の絵とはじめの音が同じ絵の番号に○をつけよう。

wheelchair（車いす）　milk（ミルク）

① 　②

例

whale（クジラ）

③ 　④ 白

whip（ホイップする）　white

（3）音声を聞いて、wh の音ではじまれば○を、そうでなければ×を書こう。

① ◯　② ◯　③ ◯　④ ✕

whisper（ささやく）　whistle　when（いつ）　yard（庭）

（4）文字を書こう。（ホイッスル）

 wh

Review ⑨

音声を聞いて、単語の終わりの音の文字に○をつけて、ここで学習した音をふり返ろう。

（1） ［ (sh) ch th ］

dish（皿）

（2） ［ ch sh (th) ］

bath（ふろ）

（3） ［ th (ch) sh ］

peach（モモ）

Review ⑧

音声を聞いて、単語のはじめの音の文字に○をつけて、ここで学習した音をふり返ろう。

（1） ［ th ch (sh) ］

sheep（ヒツジ）

（2） ［ (th) ch sh ］

theater（劇場）

（3） ［ th sh (ch) ］

chair（いす）

聞いてみよう⑧

音声を聞こう。気づいたことはあるかな。

A dish is on a table.
（お皿がテーブルの上にあります。）
A fish is on the dish.
（魚はお皿の上に乗っています。）
A cat is on the table, too!
（ネコもテーブルの上にいます！）

Unit 7

わたしの一番の思い出

My Best Memory

Our Goal 小学校生活の一番の思い出を伝え合おう。

教科書 pp.72-73

| Starting Out | 小学校生活の一番の思い出を聞き取ろう。 |

Listen and Think

1 英語を聞いて、場面の順に番号を書こう。

2 それぞれの場面で分かったことを書こう。

Unit7 では、小学校生活の一番の思い出について伝え合ったりするよ。

次のページには、話している英語の一部がのっているよ。重要な表現を確認しよう。

❖は音声が聞こえる時間を表すよ。pp.192-193 に全文がのっているよ。

例　**What's your best memory?** ／
（あなたの一番の思い出は何ですか？）

My best memory is our ～ . ／ It was ～ .
（わたしの一番の思い出は～です。）　　　（～でした。）

My best memory is our ～.に注意しながら音声を聞いてみよう。

Japanese food は「日本食、和食」という意味だよ。

❖ 00:14

Mr. Oishi：Helmi, what's your best memory from school?
（ヘルミ、学校でのあなたの一番の思い出は何ですか？）

Helmi：My best memory is Japan Day.
（わたしの一番の思い出は日本の日です。）

Daichi：What did you do?
（君は何をしたの？）

Helmi：We ate Japanese food. We enjoyed dancing. It was very exciting.
（わたしたちは日本食を食べたの。わたしたちは踊ることを楽しんだわ。とてもわくわくするものだったわ。）

- -

❖ 00:05

Daniel：My best memory is our English class.
（ぼくの一番の思い出は英語の授業です。）

❖ 00:13

I enjoyed studying English with my friends. It was very interesting.
（ぼくは友達といっしょに英語の勉強を楽しみました。とてもおもしろかったです。）

Nadia：Why do you study English?
（なぜ英語を勉強するの？）

Daniel：I want to be a pilot!
（ぼくはパイロットになりたいんだ！）

Why do you 〜? は「あなたはなぜ〜するのですか？」という意味だよ。

- -

❖ 00:04

Ms. Baker：What's your best memory?
（あなたの一番の思い出は何ですか？）

Sophia：My best memory is our school trip. We went to Kyoto. We saw many temples. It was fantastic!
（わたしの一番の思い出は修学旅行です。わたしたちは京都に行きました。わたしたちは多くの寺を見ました。すばらしかったです！）

「修学旅行」は school trip を使うよ。

What's the matter?は「どうしたの
ですか?」と相手を気づかってたずね
る言い方だよ。

❖ 00:04

Lucas： My best memory is our **sports day. We enjoyed dancing together. I ate lunch with my family and friends. They are always kind to me . . . .**
(ぼくの一番の思い出は運動会です。ぼくたちは
いっしょに踊ることを楽しみました。ぼくは家族
や友達と昼食を食べました。彼らはいつもぼくに
優しいです…。)

Sophia： What's the matter, Lucas?
（どうしたの、ルーカス？）

❖ 00:33

Lucas： I can't go to junior high school with you.
（ぼくはあなたたちといっしょに中学校に行けませ
ん。）

Nadia： Your father is going to play soccer in Europe, right?
（あなたのお父さんがヨーロッパでサッカーをす
ることになるのよね？）

┌─ 分かったことをメモしよう ─────────────────

└──────────────────────────────────────

┌─ ② 分かったこと 解答例 ─────────────────────
1 ヘルミは日本の日が学校生活での一番の思い出だと言っている。
2 ダニエルは、英語を勉強するのはパイロットになりたいからだと答えている。
3 ソフィアは京都への修学旅行が一番の思い出だと言っている。
4 泣いている理由をたずねられたルーカスは、みんなといっしょに中学校へ行けないということを打ち明けている。
└──────────────────────────────────────

😊 **Watch and Think**

サミュエルが小学校生活の思い出を紹介しているよ。映像を見て、質問に答えよう。

話している英語の一部から、重要な表現を確認しよう。
❖は音声が聞こえる時間を表すよ。p.193 に全文がのっているよ。

❖ **00:10**

Samuel：My best memory is our school trip. We went to Lake Tekapo. At night, we saw an aurora. It was amazing! And we saw many beautiful stars. We saw the Southern Cross clearly.

（ぼくの一番の思い出は修学旅行です。ぼくたちはテカポ湖に行きました。夜、ぼくたちはオーロラを見ました。すばらしかったです！ それからたくさんの美しい星を見ました。ぼくたちは南十字星をはっきりと見ました。）

1 サミュエルが話した星座はどれかな。番号に◯をつけよう。

①
②
③

Southern Cross　Orion　Big Dipper

2 サミュエルに伝えたいあなたの小学校生活の思い出を考えよう。

Your Plan

My best memory is our 〜. とそれに続く具体的な内容に注意しながら、映像を見よう。

①
②
③

Southern Cross　Orion　Big Dipper
南十字星　オリオン座　北斗七星

次ページの My Picture Dictionary の単語も参考にしながら、あなたの小学校生活の一番の思い出について考えてみよう。

 My Picture Dictionary

 したこと ▶p.23

 学校行事 ▶p.32

─ Watch and Think 解答例 ─

1 ①

2 My best memory from school is our music festival. We played "Haru-yo, Koi." I played the piano. It was wonderful!（わたしの学校生活の一番の思い出は音楽祭です。わたしたちは『春よ、来い』を演奏しました。わたしはピアノをひきました。すばらしかったです！）

Let's Read and Write 例文の音声を聞いて読み、一番の思い出を声に出しながら書こう。

(例) My best memory is our school trip. （わたしの一番の思い出は修学旅行です。）

My best memory is ^(例)our sports day.

（わたしの一番の思い出は運動会です。）

 My Picture Dictionary

したこと ▶

ate	went	saw	had	made
食べた	行った	見た	持っていた	作った

enjoyed	played	watched
楽しんだ	〈スポーツなどを〉した	〈テレビなどを〉見た

学校行事 ▶

field trip	school trip	chorus contest	volunteer day
遠足、社会科見学	修学旅行	合唱コンクール	ボランティアの日

drama festival	music festival	school festival	sports day
学芸会	音楽祭	学園祭	運動会

evacuation drill	swimming meet	summer vacation	memory
避難訓練	水泳競技会	夏休み	思い出

entrance ceremony
入学式

graduation ceremony
卒業式

次の4線を使って、習った表現や単語を書く練習をしてみよう。

Your Turn | 小学校生活の一番の思い出を
友達と伝え合おう。

教科書
pp.74-75

Let's Watch　ソフィアは思い出についてどのようなことを話しているのかな。

p.107 の会話をふりかえってみよう。

Ms. Baker：What's your best memory?
（あなたの一番の思い出は何ですか？）

Sophia：My best memory is our school trip. We went to Kyoto. We saw many temples. It was fantastic!
（わたしの一番の思い出は修学旅行です。わたしたちは京都に行きました。わたしたちは多くの寺を見ました。すばらしかったです！）

ガイドp.107の会話を思い出そう。My best memory is our ～.を使ってソフィアは一番の思い出を伝えていたね。

 Let's Listen ①　会話を聞いて、大地と早紀の小学校生活の一番の思い出を線で結ぼう。

1
Daichi
大地

2
Saki
早紀

camping
キャンプ

field trip
社会科見学

music festival
音楽祭

school festival
学園祭

Let's Listen ① 解説

話している英語の一部から、解答につながる表現を確認しよう。p.194 に全文がのっているよ。

1
Daichi: My best memory is our field trip.（一番の思い出は社会科見学です。）
2
Saki: My best memory is our music festival.（一番の思い出は音楽祭です。）

💬 Let's Try

小学校生活の一番の思い出などについてたずね合おう。

名前	一番の思い出	したことや感想など
あなた		
友達		

What's your best memory?
（あなたの一番の思い出は何？）

My best memory is our field trip.
We went to a car factory.

（ぼくの一番の思い出は社会科見学。
ぼくたちは自動車工場に行ったよ。）

Tips
何をしたのかをたずねるときにはどんな表現を使うかな。

ポイント

一番の思い出は何かについてたずねるとき、What's your best memory? と言うよ。一番の思い出を答えるときには、My best memory is our 〜. と言うよ。「〜」にあなたの一番の思い出を入れよう。

Let's Listen ① 解答
1 Daichi — field trip
2 Saki — music festival

Let's Try 解答例
- My best memory is our volunteer day. We cleaned the park.（わたしの一番の思い出はボランティアの日です。わたしたちは公園をそうじしました。）
- My best memory is our camping trip. We went to Okutama, Tokyo.（わたしの一番の思い出はキャンプです。わたしたちは東京の奥多摩に行きました。）

Let's Read and Write 例文の音声を聞いて読み、一番の思い出について声に出しながら書こう。

(例) We went to Kyoto. （わたしたちは京都に行きました。）

We enjoyed skateboarding.
（わたしたちはスケートボードをして楽しみました。）

(例) It was fantastic. （すばらしかったです。）

It was ^{（例）}exciting.
（わくわくさせるものでした。）

Let's Read ナディアの小学校の思い出を伝える発表について、次の活動をしよう。

1 下のナディアのメモを声に出して読んでみよう。

① **My best memory is our school trip.**
（わたしの一番の思い出は修学旅行です。）

② **We went to Kyoto.**
（わたしたちは京都に行きました。）

③ **We ate ice cream.**
（わたしたちはアイスクリームを食べました。）

④ **It was delicious.**
（とてもおいしかったです。）

Tips Sounds and Letters で学習したことを思い出しながら読んでみよう。

Nadia

2 上のメモを読んで、分かったことを書こう。

3 ペアでメモを読み合って、分かったことや分からなかったことを確認しよう。

🎧 **Let's Listen ②** ナディアの発表を聞いて、自分たちの読み方と比べよう。

ポイント

ナディアの発表は、左のメモと同じ英語で話しているよ。強く読まれている部分は、ナディアが強調したいところだよ。

┌─ Let's Read 分かったこと　解答例 ─┐
- ナディアの一番の思い出は修学旅行。
- 京都に行ってアイスクリームを食べた。

┌─ Let's Listen ② 解答例 ─┐
- deliciousの部分が強く読まれていた。

次の4線を使って、習った表現や単語を書く練習をしてみよう。

Step 1

🙊🎧👥 文を指で追いながら、ロビンソン先生と七海の会話を聞こう。

Nanami

What's your best memory?
（あなたの一番の思い出は何ですか？）

My best memory is our school trip.
（わたしの一番の思い出は修学旅行です。）

We went to Todaiji Temple.
（わたしたちは東大寺に行きました。）

It was old and great.
（古くて大きかったです。）

一番の思い出についてたずねるときは **What's your best memory?**、それに答えるときには **My best memory is 〜.** と表すことを思い出そう。

Step 2

💬✏️ 内容を整理しながら「思い出カード」を作り、小学校生活の思い出などについてペアで伝え合おう。

巻末コミュニケーションカード

一番の思い出	したこと	Memo

例

My Best Memory

school trip

I saw many deer.
It was fun.

伝えたい思い出をていねいに書こう。

表現例　（東大寺はどうでしたか？）
❶ How was Todaiji Temple?
❷ What did you do?
　（あなたは何をしましたか？）

好きだった授業などについて発表してもいいね。

単語例
●したこと▶p.23　●学校行事▶p.32
●町▶p.26　●感想・様子▶p.33

会話を続ける表現例
Nice talking to you.
（あなたと話ができてよかったです。）

（例）My best memory is our summer vacation.

あなたの「一番の思い出」や思い出の中で「あなたがしたこと」を左下にメモしよう。表現例の意味も確認しておこう。

一番の思い出　解答例

My best memory is our school trip. We went to Ueno Zoo. We saw pandas! It was wonderful.
（一番の思い出は修学旅行です。わたしたちは上野動物園に行きました。パンダを見ました！　すばらしかったです。）

Step 2　単語例

My Picture Dictionary

house 家	park 公園	library 図書館、図書室
museum 博物館、美術館	hospital 病院	bus stop バス停
station 駅	police station 警察署	fire station 消防署
post office 郵便局	bookstore 書店	restaurant レストラン
supermarket スーパーマーケット	castle 城	shrine 神社
temple 寺	church 教会	aquarium 水族館
stadium スタジアム	zoo 動物園	amusement park 遊園地

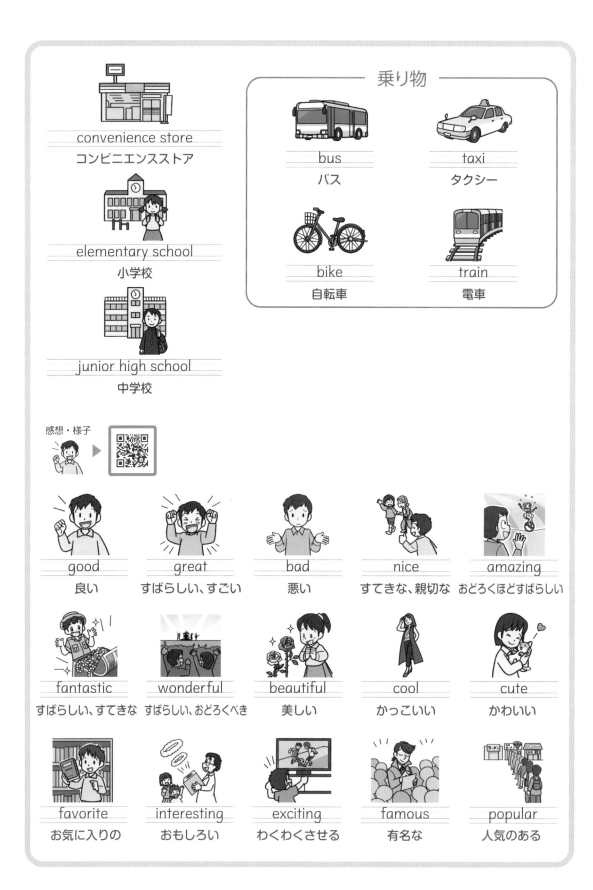

convenience store
コンビニエンスストア

elementary school
小学校

junior high school
中学校

乗り物

bus
バス

taxi
タクシー

bike
自転車

train
電車

感想・様子

good
良い

great
すばらしい、すごい

bad
悪い

nice
すてきな、親切な

amazing
おどろくほどすばらしい

fantastic
すばらしい、すてきな

wonderful
すばらしい、おどろくべき

beautiful
美しい

cool
かっこいい

cute
かわいい

favorite
お気に入りの

interesting
おもしろい

exciting
わくわくさせる

famous
有名な

popular
人気のある

colorful
色あざやかな

international
こくさいてき
国際的な

fun
楽しい

次の４線を使って、習った表現や単語を書く練習をしてみよう。

「思い出カード」を使って、たくさんの友達と
小学校生活の思い出などを伝え合おう。　　　　月　　　日

例

はじめの あいさつ	小学校生活の思い出などを伝え合おう。	終わりの あいさつ

Deepa：What's your best memory? （あなたの一番の思い出は何ですか？）

Nanami：My best memory is our **school trip.** We went **to**
Todaiji Temple.
（わたしの一番の思い出は修学旅行です。わたしたちは東大寺に行きました。）

Deepa：How was Todaiji Temple? （東大寺はどうでしたか？）

Nanami：It was old and great. （古くて大きかったです。）

Deepa：Oh, I see. What did you do? （へえ、そうですか。あなたは何を
しましたか？）

Nanami：I saw many deer. It was fun.
（わたしはたくさんのシカを見ました。楽しかったです。）

Deepa：Sounds good. （いいですね。）

Nanami：Nice talking to you.
（あなたと話ができてよかったです。）

二次元コードから見られる映
像を参考にして、会話で気を
つけたいことをメモしよう。

Before 会話で気をつけたいこと	After 活動のふり返り

Tips　これまで学習した表現を使って、さまざまな会話をしてみよう。

会話で気をつけたいこと 解答例

- 聞き手は小学校生活の一番の思い出についてたずねる
- 話し手は一番の思い出について伝えて、さらに具体的なことも伝える
- 聞き手はそこで何をしたかなどを質問して、理解を深める

会話したことを書こう。

(例) What's your best memory?

(あなたの一番の思い出は何ですか？)

My best memory is our field trip.

(わたしの一番の思い出は社会科見学です。)

We went to the Diet Building.

(わたしたちは国会議事堂に行きました。)

次の４線を使って、習った表現や単語を書く練習をしてみよう。

教科書
pp.80-81

文を読んでみよう（1）

これまで学習してきたことをもとに、英語の文を声に出して読んでみよう。
ソフィアと大地はどんな会話をしているかな。

文を読んでみよう①

 Good morning, Sophia.
（おはよう、ソフィア。）

 Hi, Daichi.
（こんにちは、大地。）

文を読んでみよう②

 How was your weekend?
（週末はどうだった？）

 It was great.
（すばらしかったわ。）

文を読んでみよう③

 I went to the zoo.
I saw many animals.
（わたしは動物園に行ったの。たくさんの動物を見たよ。）

 Cool.
（いいね。）

文を読んでみよう④

 What animals do you like?
（どの動物が好き？）

 I like koalas.
（コアラが好き。）

ソフィアと大地が、授業が始まる前に週末にしたことについて話をしているよ。どんなことを話しているのだろう。まずは自分だけで英語の文を読むことにチャレンジしてみよう。どんなことが分かるかな。

ソフィアや大地の気持ちになって読んでみてもいいね。

文を読んでみよう⑤

 How about you, Daichi?
Do you like koalas?
（大地、あなたはどう？　コアラは好き？）

 Yes, I do.
（うん、好きだよ。）

文を読んでみよう⑥

 Do you like snakes?
（ヘビは好き？）

 No, I don't.
（ううん、好きじゃない。）

文を読んでみよう⑦

 Snakes are not cute.
（ヘビはかわいくないもの。）

 Really? Snakes are cute!
（本当に？　ヘビはかわいいよ！）

文を読んでみよう⑧

 Let's go to the zoo together.
（動物園にいっしょに行こう。）

 OK. Nice idea!
（いいね。いいアイディア！）

🎧 **Listen and Think**

1 英語を聞いて、場面の順に番号を書こう。

2 それぞれの場面で分かったことを書こう。

want to ～に注意しながら音声を聞いてみよう。

Unit8 では、中学校で入りたい部活動や将来の夢について伝え合ったりするよ。

次のページには、話している英語の一部がのっているよ。重要な表現を確認しよう。

❖は音声が聞こえる時間を表すよ。pp.197-198 に全文がのっているよ。

例　**What club do you want to join? ／**
（あなたはどの部活動に入りたいですか？）

I want to join ～ . ／ What do you want to be?
（わたしは～に入りたいです。）　（あなたは何になりたいですか？）

I want to be ～ .
（わたしは～になりたいです。）

1 場面の順

school eventsは「学校行事」という意味だよ。

❖ 00:22

Emma：What school events do you want to enjoy?
（あなたたちはどの学校行事を楽しみたいですか？）

Nadia：I want to enjoy the school festival. I like dancing.
（わたしは学園祭を楽しみたいです。わたしは踊ることが好きです。）

Taiyo：Sounds nice.
（いいですね。）

- -

Sounds good!は「いいですね！」という意味だよ。

❖ 00:12

Emma：What club do you want to join?
（あなたはどの部活動に入りたいですか？）

Saki：I want to join the English club. I like English.
（わたしは英語部に入りたいです。わたしは英語が好きです。）

Emma：Sounds good! What do you want to be?
（いいですね！　あなたは何になりたいの？）

Saki：I want to be an international businessperson.
（わたしは国際的な実業家になりたいです。）

- -

I'm proud of you all.は「わたしはあなたたち全員をとても誇りに思います。」という意味だよ。

❖ 00:09

Ms. Baker：It was a nice graduation ceremony. I'm very proud of you all.
（良い卒業式でした。わたしはあなたたち全員をとても誇りに思います。）

All：Thank you, Mr. Oishi. Thank you, Ms. Baker.
（ありがとうございます、大石先生。ありがとうございます、ベーカー先生。）

Here you are.は「さあどうぞ」という意味で、何かを手わたしするときによく使うよ。

❖ 00:19

Sophia：We have a card for you.
（あなたへのカードがあるの。）

Daichi：Here you are.
（さあどうぞ。）

Lucas：Thank you. It's wonderful. You are my best friends.
（ありがとう。すごい。君たちはぼくの親友だよ。）

分かったことをメモしよう

---

2 分かったこと 解答例

1 ナディアは学園祭を楽しみたいと言っている。
2 早紀は英語部に入りたいと言っている。国際的な実業家になりたいと言っている。
3 ベーカー先生は良い卒業式だったとみんなに話している。
4 ルーカスは君たちはぼくの親友だと言っている。

次の4線を使って、習った表現や単語を書く練習をしてみよう。

Watch and Think

ソフィアのお兄さんが中学校生活について話しているよ。映像を見て、質問に答えよう。

1 ソフィアのお兄さんがしているスポーツはどれかな。番号に○をつけよう。

①
badminton

②
cricket

③
tennis

2 ソフィアのお兄さんに伝えたいあなたが将来したいことを考えよう。

Your Plan

話している英語の一部から、重要な表現を確認しよう。❖は音声が聞こえる時間を表すよ。pp.198-199 に全文がのっているよ。

❖ 00:22

Oliver：I play cricket on weekends. I practice very hard. I want to be a cricket player. What do you want to be in the future?
（ぼくは週末にクリケットをします。ぼくはとても熱心に練習します。ぼくはクリケット選手になりたいです。あなたは将来何になりたいですか？）

want to に注意しながら、映像を見よう。

①
badminton
バドミントン

②
cricket
クリケット

③
tennis
テニス

次ページの My Picture Dictionary の単語も参考にしながら、あなたが将来したいことについて考えてみよう。

  部活動 ▶ p.35   職業 ▶ p.34

─ Watch and Think 解答例 ─
1 ②
2 I want to be an astronaut in the future.（わたしは将来、宇宙飛行士になりたいです。）

 **Let's Read and Write** 例文の音声を聞いて読み、一番の思い出を声に出しながら書こう。

(例) I want to join the English club. （わたしは英語部に入りたいです。）

I want to join (例)the art club.

（わたしは美術部に入りたいです。）

 My Picture Dictionary

部活動 ▶

baseball team
野球部

softball team
ソフトボール部

basketball team
バスケットボール部

volleyball team
バレーボール部

soccer team
サッカー部

tennis team
テニス部

table tennis team
卓球部

badminton team
バドミントン部

dance team
ダンス部

track and field team
陸上部

art club
美術部

cooking club
料理部

drama club
演劇部

brass band
ブラスバンド部

chorus
合唱部

broadcasting club
放送部

newspaper club
新聞部

photography club
写真部

職業

artist	writer	singer	comedian
芸術家	作家	歌手	お笑い芸人

doctor	nurse	vet	zookeeper	cook
医者	看護師	獣医	動物園の飼育員	コック、料理人

baker	farmer	police officer	fire fighter	pilot
パン焼き職人	農場主	警察官	消防士	パイロット

programmer	office worker	astronaut	teacher	researcher
プログラマー	会社員	宇宙飛行士	先生	研究者

scientist	flight attendant	baseball player	mountaineer
科学者	客室乗務員	野球選手	登山家

now	future
今	未来、将来

ポイント

その職業についている人を表す単語は、最後が-erや-orなどのものが多いね。

Let's Watch 　早紀たちは将来についてどのような会話をしているのかな。

p.125 の会話をふりかえってみよう。

ガイドp.125の会話を思い出そう。I want to 〜.を使って将来したいことについて話していたね。

❖ 00:03

Emma：What club do you want to join?
（あなたはどの部活動に入りたいですか？）

Saki：I want to join the English club. I like English.
（わたしは英語部に入りたいです。わたしは英語が好きなんです。）

Emma：Sounds good! What do you want to be?
（いいですね！　あなたは何になりたいの？）

Saki：I want to be an international businessperson. I want to work abroad. I want to work in Australia.
（わたしは国際的な実業家になりたいです。わたしは海外で働きたいのです。わたしはオーストラリアで働きたいです。）

 Let's Listen ① 　会話を聞いて、大地とナディアが入りたい部活動となりたい職業の組み合わせとして正しい番号を（　）に書こう。

Daichi
大地
（　　）

Nadia
ナディア
（　　）

①

②

③

④

話している英語の一部から、解答につながる表現を確認しよう。pp.199-200に全文がのっているよ。

1

Daichi: I want to join the computer club. (ぼくはコンピューター部に入りたいです。)

Daichi: I want to be a programmer in the future. (ぼくは将来、プログラマーになりたいです。)

2

Nadia: I want to join the dance team. (わたしはダンス部に入りたいです。)

Nadia: Well, I like dancing, but I want to be a doctor. (えっと、踊ることは好きだけれど、わたしは医者になりたいです。)

Let's Try　　中学校で入りたい部活動となりたい職業をたずね合おう。

名前	入りたい部活動	なりたい職業
あなた		
友達		

< What club do you want to join?
（あなたはどの部活動に入りたいですか？）

< What do you want to be?
（あなたは何になりたいですか？）

I want to join the tennis team.
（ぼくはテニス部に入りたいです。）

I want to be a teacher.
（ぼくは教師になりたいです。）

Tips

その職業でしてみたいことも加えよう。

ポイント

どの部活動に入りたいかについてたずねるとき、**What club do you want to join?** と言うよ。答えるときには、**I want to join 〜.** と言うよ。「〜」の部分には部活動名を入れるよ。
また、なりたい職業についてたずねるとき、**What do you want to be?** と言うよ。これには、**I want to be 〜.** で答えよう。「〜」の部分には職業名を入れよう。

─ Let's Listen① 解答 ─

1 Daichi ②

2 Nadia ④

─ Let's Try 解答例 ─

● I want to join the drama club. (演劇部に入りたいです。)
● I want to be an actor. (俳優になりたいです。)
● I want to join the volleyball team.
（バレーボール部に入りたいです。）
● I want to be a volleyball player.
（バレーボールの選手になりたいです。）

✎ Let's Read and Write 例文の音声を聞いて読み、将来の夢を声に出しながら書こう。

(例) I want to be an international businessperson. （わたしは国際的な実業家になりたいです。）

I want to be ^(例) a baseball player.
（わたしは野球選手になりたいです。）

(例) I want to work in Australia. （わたしはオーストラリアで働きたいです。）

I want to ^(例) study abroad.
（わたしは留学したいです。）

Let's Read ソフィアの将来したいことを伝える発表について、次の活動をしよう。

1 下のソフィアのメモを声に出して読んでみよう。

① I like science.
（わたしは理科が好きです。）

② I want to join the science club.
（わたしは科学部に入りたいです。）

③ I want to study science.
（わたしは理科を勉強したいです。）

④ I want to be a vet.
（わたしは獣医になりたいです。）

⑤ I want to help animals.
（わたしは動物を助けたいです。）

Sophia

2 上のメモを読んで、分かったことを書こう。

3 ペアでメモを読み合って、分かったことや分からなかったことを確認しよう。

🎧 **Let's Listen ②** ソフィアの発表を聞いて、自分たちの読み方と比べよう。

ポイント

ソフィアの発表は、左のメモと同じ英語で話しているよ。強く読まれている部分は、ソフィアが強調したいところだよ。

Let's Read 分かったこと　解答例
- ソフィアは理科が好きで、科学部に入りたいし、理科を勉強したい。
- 獣医になって動物を助けたいと思っている。

Let's Listen ② 解答例
- I want to help animals. の部分が強く読まれていた。

次の4線を使って、習った表現や単語を書く練習をしてみよう。

おたがいの夢を応援するために、
将来したいことを伝え合おう。

教科書 pp.86-87

Step 1　文を指で追いながら、ロビンソン先生と明菜の会話を聞こう。

Akina

What club do you want to join?
（あなたはどの部活動に入りたいですか？）

I want to join the chorus.
（わたしは合唱部に入りたいです。）

What do you want to be?
（あなたは何になりたいですか？）

I want to be a doctor.
（わたしは医者になりたいです。）

どの部活動に入りたいかを言うときは、I want to join ～.と表すことを思い出そう。また、将来なりたい職業を言うときは、I want to be ～.を使うのだったね。

Step 2　内容を整理しながら「将来カード」を作り、中学校で入りたい部活動やりたい職業などをペアで伝え合おう。

巻末コミュニケーションカード

中学校で入りたい部活動	なりたい職業

Memo

近い未来、遠い未来にあなたはどんなことをしていたいかな。

例

My Future
I want to be a doctor.

表現例
❶ I'm good at singing.（わたしは歌うことが得意です。）
❷ I want to help people in Africa.
（わたしはアフリカの人々を助けたいです。）

単語例	会話を続ける表現例
●動作など▶p.23　●感想・様子▶p.33 ●職業▶p.34　　●部活動▶p.35	Good luck! （かんばってください。）

将来したいことをていねいに書こう。

（例）**I want to be a farmer.**

あなたの「将来したいこと」を左下にメモしよう。表現例の意味も確認しておこう。

将来したいこと　解答例
I like baseball. I want to be an MLB player in the future.
（わたしは野球が好きです。将来はメジャーリーグの選手になりたいです。）

Step 2 単語例

My Picture Dictionary

動作など

Unit 1		
speak	live	make
〈言語を〉話す	住む	作る
wear	talk	
身につけている、着ている	話す	

watch	read	help
見る	読む	手伝う
practice	clean	
練習する	そうじをする	

Unit 3	Unit 4	
enjoy	visit	ride
楽しむ	訪問する	乗る
come	get	
来る	手に入れる	

Unit 6		Unit 7
save	stop	study
救う	止まる	勉強する
join	work	
参加する	働く	

感想・様子 ▶

good
良い

great
すばらしい、すごい

bad
悪い

nice
すてきな、親切な

amazing
おどろくほどすばらしい

fantastic
すばらしい、すてきな

wonderful
すばらしい、おどろくべき

beautiful
美しい

cool
かっこいい

cute
かわいい

favorite
お気に入りの

interesting
おもしろい

exciting
わくわくさせる

famous
有名な

popular
人気のある

colorful
色あざやかな

international
こくさいてき
国際的な

fun
楽しい

Your Goal 「将来カード」を使って、たくさんの友達と
将来したいことなどを伝え合おう

月　　　日

例　→　| はじめの あいさつ | ▶ | 将来したいことなどを伝え合おう。 | ▶ | 終わりの あいさつ |

Brian : Hello. （こんにちは。）

Akina : Hello. （こんにちは。）

Brian : What club do you want to join? （あなたはどの部活動に入りたいですか？）

Akina : I want to join the chorus. （わたしは合唱部に入りたいです。）

Brian : The chorus? （合唱部？）

Akina : Yes. I'm good at singing. （はい。わたしは歌うのが得意です。）

Brian : That's nice. What do you want to be?
（それはいいですね。あなたは何になりたいですか？）

Akina : I want to be a doctor. I want to live in Africa. I want to help people in Africa.
（わたしは医者になりたいです。わたしはアフリカに住みたいです。わたしはアフリカの人々を助けたいです。）

Brian : Wow. That's a really nice dream. Good luck!
（わあ。それは本当にすてきな夢ですね。がんばってください！）

Akina : Thank you. How about you?
（ありがとう。あなたはどうですか？）

二次元コードから見られる映像を参考にして、会話で気をつけたいことをメモしよう。

Before 会話で気をつけたいこと	After 活動のふり返り

Tips　友達の夢を応援するために、ジェスチャーを使ってもいいね。

会話で気をつけたいこと 解答例
- はじまりのあいさつをする
- 中学校で入りたい部活動や将来の夢についてたずねる
- 感想を言い合ったりして、理解を深める
- 聞き手は、自分が入りたい部活動や将来の夢について伝える

会話したことを書こう。

(例) What club do you want to join?
（あなたはどの部活動に入りたいですか？）

I want to join the photography club.
（わたしは写真部に入りたいです。）

I want to be a photographer in the future.
（わたしは将来、写真家になりたいです。）

文を読んでみよう（２）

これまで学習してきたことをもとに、英語の文を声に出して読んでみよう。
気持ちをこめて読むと、文の調子が変わってくるよ。

文を読んでみよう⑨

Hello, Sophia.
How are you?
（こんにちは、ソフィア。元気ですか？）

I'm fine, thank you.
（元気です、ありがとう。）

文を読んでみよう⑩

Where do you live now?
（君は今、どこに住んでいるの？）

I live in Midori Town.
It's a nice town.
（わたしは緑町に住んでいます。良い町よ。）

文を読んでみよう⑪

Do you like Japan?
（君は日本が好き？）

Yes, very much.
I like Australia, too.
（ええ、とても。わたしはオーストラリアも好き。）

文を読んでみよう⑫

Please come to Australia.
You can see koalas.
（どうぞオーストラリアに来てください。コアラが見られますよ。）

OK. Sounds good.
（はい。いいですね。）

入学予定の中学校をおとずれたソフィアに新聞部の中学生がインタビューを始めたよ。どんなことを話しているのだろう。まずは自分だけで英語の文を読むことにチャレンジしてみよう。

文の終わりの声の調子は上がっているかな。下がっているかな。

文を読んでみよう⑬

 What is your treasure?
（あなたの宝物は何ですか？）

 Let me see.
My treasure is my family.
（ええと。わたしの宝物はわたしの家族です。）

文を読んでみよう⑭

 I have a nice brother.
He is very kind.
（わたしにはすてきなお兄さんがいます。彼はとても優しいんですよ。）

 Great.
（すばらしい。）

文を読んでみよう⑮

 What do you want to be?
（君は何になりたいですか？）

 I want to be a vet.
I like animals.
（わたしは獣医になりたいです。わたしは動物が好きです。）

文を読んでみよう⑯

 Nice dream.
Good luck, Sophia.
（すてきな夢ですね。がんばって、ソフィア。）

 Thank you.
（ありがとう。）

Over the Horizon 世界の人の大切なものやその理由などについて考えよう。 解答例

文化探検 世界の子供たちの大切なものについての映像を見て、質問に答えよう。 教科書 pp.12-1.

1 それぞれの子供たちの大切なものは何かな。

A **water**　　　　　B **horses**

C **baseball glove**

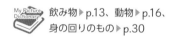 飲み物▶p.13、動物▶p.16、身の回りのもの▶p.30

2 あなたはどんなことを考えたかな。

> （例）水をくんだり運んだりするのは大変そう。宝物は人によってちがうけれど、みんなとても
>
> 大切にしている。

フカボリ！ 日本の支援で建てられたこのしせつは何かな。

hospital

 町▶p.26

世界探検  千代とクララが、カナダについてオンラインで話しているよ。

1 映像を見て、分かったことを書こう。

（聞き取りの例）クララの好きなものは何かな。

（例）メープルシロップをかけたパンケーキ

2 カナダについて考えたことを書こう。

（例）おいしいものや名所がたくさんありそう。

物語探検  物語を聞いたあと、下の文章を声に出して読もう。

I have a cat.
（わたしはネコを飼っています。）
His name is Pat.
（かれの名前はパットです。）
Pat, my cat, is on a mat.
（わたしのネコのパットはマットの上にいます。）

 Small Talk

What country do you like?

Sounds and Letters

A a の音　　聞いてみよう①

Plus! Word Bingo

My Picture Dictionary　スポーツ▶p.11

≫ Over the Horizon のふり返り
★ 世界の人の生活を知るために、大切な
ものやその理由などについて考えたかな。

世界の学校や子供たちの生活などについて考えよう。

解答例

文化探検 アメリカの小学校生活についての映像を見て、質問に答えよう。

教科書 pp.22-23

A

B

C

1 A 〜 C のそれぞれの写真は、何時の学校の様子かな。

A　10 : 30　(a.m.) p.m.

B　12 : 15　a.m. (p.m.)

C　4 : 00　a.m. (p.m.)

2 アメリカの小学生の多くはどのような乗り物で通学しているかな。

(school) bus

  町 ▶ p.26

3 あなたはどんなことを考えたかな。

（例）日本では歩いて小学校に通う生徒が多いけれど、アメリカではスクールバスで通う生徒が多い。

　　アメリカの小学校には議論の時間がある。

フカボリ！ ニューヨークの天気について分かったことや気づいたことを書こう。

晴れていても寒くて、コートが必要。

世界探検  千代とカールが、スウェーデンについてオンラインで話しているよ。

1 映像を見て、分かったことを書こう。

（聞き取りの例）スウェーデンで人気の食べ物は何かな。

（例）・ザリガニはおいしくて人気がある。

　　　・冬は夜に時々オーロラが見える。

2 スウェーデンについて考えたことを書こう。

（例）夏は夜 11 時でも空が暗くならないのは

　　　不思議。

物語探検 物語を聞いたあと、下の文章を声に出して読もう。

Bean soup is hot.　Beet soup is hot.
（豆のスープは熱い。ビーツのスープは熱い。）
Bean soup is in a pot.　Beet soup is in a pot.
（豆のスープはなべに入っています。ビーツのスープはなべに入っています。）

 Small Talk

Tell me about your daily schedule.

 Sounds and Letters

O o の音　　聞いてみよう②

Plus! **Word Bingo**

一日の生活▶p.24　頻度▶p.24

Over the Horizon のふり返り

★ 世界のことを知るために、世界の学校や子供たちの生活などについて考えたかな。

世界の人が休みの日にしていることなどについて
考えよう。

解答例

文化探検 もうすぐ夏休み。昨年の夏休みについての映像(えいぞう)を見て、質問に答えよう。 教科書 pp.32-33

My Picture Dictionary Map of the World ▶pp.2-3

1 それぞれどこの国の夏休みの話かな。

A **New Zealand**　B **Russia**

C **Philippines**

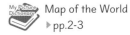 あなたはどんな国で夏休みを過ごしたいかな。

2 あなたはどんなことを考えたかな。

（例）夏休みの過ごし方は国によってさまざまだけれど、どれも楽しそう。

フカボリ! スペインのある有名な夏祭りでは、どんなものを投げ合うのかな。

tomato (es)

My Picture Dictionary 果物・野菜 ▶p.14

世界探検  千代とアイシャが、インドについてオンラインで話しているよ。

1 映像を見て、分かったことを書こう。

（聞き取りの例）アイシャは週末に何をしたかな。

（例）・アイシャは週末、結婚パーティーに行った。

~~・インドの人たちは踊ることが大好き。~~

・インドは世界一の映画製作の国だ。

2 インドについて、考えたことを書こう。

（例）明るくてにぎやかで楽しそう。

物語探検 物語を聞いたあと、下の文章を声に出して読もう。

A nice lunch!　Delicious rice dishes!
（すてきな昼食！　おいしいお米の料理！）
Munch, munch, crunch, crunch.
（むしゃむしゃ、もぐもぐ、バリバリ、ボリボリ。）

 Small Talk

How was your summer vacation?

 Sounds and Letters

Ｕｕの音　　聞いてみよう③

Plus! Word Bingo

My Picture Dictionary したこと ▶ p.23

≫ **Over the Horizon のふり返り**

★ 世界の人の生活を知るために、休みの日にしていることなどについて考えたかな。

世界遺産の魅力などについて考えよう。 解答例

文化探検 世界遺産についての映像を見て、質問に答えよう。

教科書 pp.44-45

A

B

C

1 Aの映像の場所で見られるものを書こう。

（例） ゴンドラ　美しい教会　有名なグラス

2 B・Cの映像に出てきた動物や虫を表す単語のうち2つを書こう。

動物・虫▶pp.16-17

（例）
elephant　monkey

3 あなたはどんなことを考えたかな。

（例） 世界遺産は世界のあちこちにあって、どれも魅力的だ。

フカボリ！ 日本にはどんな世界遺産があるのかな。

（例） 原爆ドーム　姫路城　知床　富士山

世界探検  千代とパウラが、スペインについてオンラインで話しているよ。

1 映像を見て、分かったことを書こう。

（聞き取りの例）スペインの有名な食べ物は何かな。

（例）・米料理のパエリアが有名。
・サグラダ・ファミリアなどの世界遺産がたくさんある。
・サン・フェルミン祭はとてもおもしろい祭りだ。

2 スペインについて考えたことを書こう。

（例）旅行に行ったら、見る所がとてもたくさんありそう。

物語探検  物語を聞いたあと、下の文章を声に出して読もう。

My name is Lee. I live in the sea.
（わたしの名前はリーです。私は海で暮らしています。）
I eat jellyfish, shellfish, and small fish.
（わたしはクラゲ、甲殻類、そして小さな魚を食べます。）

💬 **Small Talk**

What do you want to see?

🎧 ✏️ **Sounds and Letters**

 I i の音　　聞いてみよう④

Plus! **Word Bingo**

感想・様子 ▶ p.33

≫ **Over the Horizon のふり返り**

★ 世界のことを知るために、世界遺産の魅力などについて考えたかな。

日本と世界との交流などについて考えよう。 解答例

文化探検 日本と世界との交流についての映像を見て、質問に答えよう。

教科書 pp.54-55

1 ペルシャから来たと言われている正倉院の宝物は何かな。

(beautiful blue) glass

 身の回りのもの ▶p.30

2 あなたはどんなことを考えたかな。

（例）遠い昔に、シルクロードを通ってヨーロッパや北アフリカ、アジアから多くの物が運ば

れてきたなんてすごい。

フカボリ！ pp.150-151 を見て、番号の音声を聞いたり、日本と世界との関係について考えたりしよう。

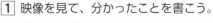

世界探検 千代とヨハンが、ガーナについてオンラインで話しているよ。

1 映像を見て、分かったことを書こう。

（聞き取りの例）紹介された木の実は何になるかな。

（例）・カカオ豆はチョコレートになる。

・野口英世の像がある。

2 ガーナについて考えたことを書こう。

（例）カカオ豆や野口英世など、ガーナは日本

と深いつながりがありそう。

物語探検 物語を聞いたあと、下の文章を声に出して読もう。

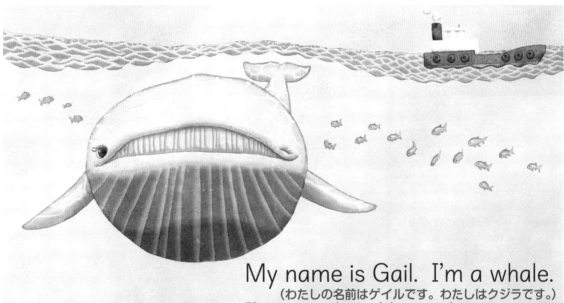

My name is Gail. I'm a whale.
（わたしの名前はゲイルです。わたしはクジラです。）
I'm very big, like a ship.
（わたしは船のように、とても大きいです。）

Small Talk

Where is your water bottle from?

Sounds and Letters

 Review ⑦　　聞いてみよう⑦

Plus! **Word Bingo**

My Picture Dictionary

食材 ▶ p.15

≫ **Over the Horizon のふり返り**

★ 日本と世界とのつながりを知るために、
世界との交流などについて考えたかな。

Let's go time traveling!

タイムトラベルに行こう！

教科書
pp.56-57

START

600　700　800　900　1000　1100

米づくりや漢字など、大陸からさまざまなものが伝わったね。

① Buddhism
仏教

② the Silk Road
シルクロード

③ missions to Tang China
遣唐使

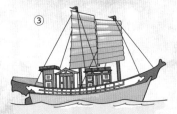

1500　1400　1300　1200

⑦ Francis Xavier
フランシスコ・ザビエル

⑥ castella
カステラ

鉄砲が日本に伝わって以降、たくさんのヨーロッパ人が日本に来たね。

⑤ guns
鉄砲

④ the Mongol invasions
元寇

⑧ kappa (raincoat)
カッパ（レインコート）

スペインやポルトガルといった国からキリスト教の宣教師や貿易船がやってきたよ。

⑨ Oda Nobunaga　織田信長

He is my hero.
彼はわたしのヒーローだよ。

江戸時代中期になると、西洋の学問（蘭学）を学ぶ人が増えたよ。

⑩ Toyotomi Hideyoshi
豊臣秀吉

⑬ Sugita Gempaku
杉田玄白

⑭ Maeno Ryotaku
前野良沢

1600　1700　1800

キリスト教を信じる
戦国大名の印

⑪ 伊東マンショ Ito Mancio

⑫ *Dejima*　出島

江戸幕府は外国との交流を制限する政策をとったよ。でも長崎の出島でのオランダと中国との貿易のほかにも、海外との貿易が続いていた場所があったよ。

Do you know *Rokumeikan*?
あなたは鹿鳴館を知っている？

日本と世界との関係について、これまでの歴史の主な出来事をまとめたよ。番号の音声を聞いたり、未来について考えたりしよう。

日本は発展して世界へ歩み出した。そしていくつかの戦争をへて、1945年に降伏した。

戦後の教科書。軍事教育に関する内容はすみで消された。

終戦後、日本は民主主義による国をめざしてさまざまな改革を進めたよ。その後再び国際社会に復帰して、産業が急速に発展したよ。

⑲ peace treaty　平和条約

1900

開かれなかったオリンピック

⑳
Shinkansen　新幹線

㉑ the 1964 Tokyo Olympics and Paralympics
1964年東京オリンピック・パラリンピック

ヨーロッパの国々に追いつくために工業をさかんにし、強い軍隊をもつこと（富国強兵）に力を入れたよ。

2000

⑱

It's famous.
有名だよ。

㉒ tourists from overseas　海外からの観光客

㉓ COVID-19　新型コロナウイルス

the Tomioka Silk Mill
富岡製糸場

⑰

2020年東京オリンピック・パラリンピック
㉔ the 2020 Tokyo Olympics and Paralympics
※実際は2021年に行われた。

㉕ オンライン会議
online meetings

James Curtis Hepburn
ジェームス・カーティス・ヘボン ⑯

Rokumeikan
鹿鳴館

これからの日本と世界との関係について、あなたはどのように考えるかな。

⑮ Commodore Perry
ペリー提督

ペリーの来航をきっかけに、日本は開国したよ。

He was from America.
彼はアメリカから来たよ。

世界の生き物がかかえる問題などについて考えよう。

解答例

 文化探検　ボルネオ島と日本の関係についての映像を見て、質問に答えよう。

教科書 pp.66-67

ONGAESHI Project

1 パーム油はどんなものに使われているのかな。1つ書こう。

（例）

potato chips

My Picture Dictionary

食べ物・デザート
▶pp.12-13

2 あなたはどんなことを考えたかな。

> （例）ボルネオの人々とゾウが仲良くできる方法がもっとあればいいのにと思う。

フカボリ！ 下のマークはどんな意味だろう。身の回りのものにもついているかな。

予想	答え
	レインフォレスト・アライアンス認証マーク

世界探検 　千代とビアンカが、ブラジルについてオンラインで話しているよ。

1 映像を見て、分かったことを書こう。

（聞き取りの例）ビアンカの好きな場所はどこかな。

（例）・ビアンカは熱帯雨林が大好き。
　　　・ビアンカが暮らす町ではたくさんの日本語を見つけることができる。
　　　・熱帯雨林は少なくなってきている。

2 ブラジルについて考えたことを書こう。

（例）ブラジルには、日本から人や文化が伝わっ

　　　ているのかな。

物語探検 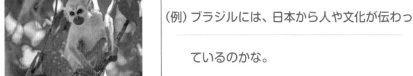　物語を聞いたあと、下の文章を声に出して読もう。

Many animals live in the sea.
（多くの生き物は海に暮らしています。）
Let's save the animals.
（生き物たちを救いましょう。）

 Small Talk

What can we do for the sea turtles?

  Sounds and Letters

◯ Review ⑨　　　聞いてみよう⑧

Plus! Word Bingo

自然▶p.16

》Over the Horizon のふり返り
★ 世界の生き物への理解を深めるために、生き物がかかえる問題などについて考えたかな。

世界の小学校の生活や行事などについて考えよう。

解答例

  文化探検 イギリスの小学校で働く先生についての映像を見て、質問に答えよう。

教科書 pp.78-79

1 この先生の一番の思い出は何かな。

Japan Day

外国の小学校でも
さまざまな国の文化を
学んでいるんだね。

2 あなたはどんなことを考えたかな。

（例）この学校には多くの行事があって楽しそう。

ひな人形やこいのぼりについて、生徒たちはどういう感想を持っただろう？

フカボリ！ あなたが外国の小学生におすすめしたい日本の行事は何かな。

（例）お花見　七夕

世界探検  千代とジンが、中国についてオンラインで話しているよ。

1 映像を見て、分かったことを書こう。

（聞き取りの例）ジンの一番の思い出は何かな。

（例）・ジンの一番の思い出は、毎日大好きな
卓球の練習をしたこと。
・中国料理や万里の長城、パンダなど、
中国には良いものがたくさんある。

2 中国について考えたことを書こう。

（例）中国と日本はとても近いので、共通点が

いくつかある。

物語探検  物語を聞いたあと、下の絵の人物のスピーチを声に出して読もう。

"One child,
（「1人の子供、
one teacher,
1人の教師、
one book,
1冊の本、
and one pen
そして1本のペンが
can change the world."
世界を変えることができます。」
— Malala Yousafzai
—— マララ・ユスフザイ）

 Small Talk

What's your best memory?

  Sounds and Letters

文を読んでみよう⑦　　文を読んでみよう⑧

 Plus! **Word Bingo**

My Picture Dictionary

学校行事▶p.32　したこと▶p.23

≫ Over the Horizon のふり返り

★ 世界のことを知るために、世界の小学校の生活や行事について考えたかな。

仕事で英語を使う場面などについて考えよう。 解答例

文化探検 英語を使う仕事についての映像を見て、質問に答えよう。

教科書
pp.88-89

1 この人の職業は何かな。

(an) office worker

職業 ▶ p.34

2 あなたのなりたい職業で、外国語を使うことがあるかな。それはどんなときかな。

（例）パン屋さんになりたいです。

外国語を使うのは外国の人がパンを買いに来たときです。

フカボリ！ 外国の人も母語以外の言語を学んでいるよ。どうしてだろう。

（例）異なる言語の人たちとも話せて、お互いをより理解できて、

世界が広がるから。

世界探検 　千代とエミールが、トルコについてオンラインで話しているよ。

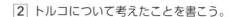 1 映像を見て、分かったことを書こう。

（聞き取りの例）トルコで食べられるものは何かな。

（例）・独特なトルコのアイス、ドンドルマを食べることができる。

・エミールは将来ツアーガイドになりたい。

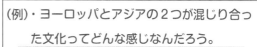 2 トルコについて考えたことを書こう。

（例）・ヨーロッパとアジアの2つが混じり合った文化ってどんな感じなんだろう。

・カッパドキアに行ってみたい。

物語探検 🎧 📻　物語を聞いたあと、下の絵の人物の言葉を声に出して読もう。

"Just do it." — Nakamura Tetsu

（「実行あるのみ。」── 中村哲）

💬 **Small Talk**

Do you like English?

📻🎧 **Sounds and Letters**

 文を読んでみよう⑮　 文を読んでみよう⑯

Plus! **Word Bingo**

My Picture Dictionary

職業 ▶ p.34

》**Over the Horizon のふり返り**

★ 英語で広がる世界を知るために、仕事で英語を使う場面などについて考えたかな。

Listen and Think

No.1

Nadia：Oh . . . . I'm a little nervous.

Alice：Don't worry. You can make good friends in Japan.
Here is a sweatshirt from your friends in Kenya.
You can wear it tomorrow.

Nadia：OK, Mom. Thanks.

No.2

All：Welcome to our class!

Mr. Oishi：This is your new classmate, Nadia.

Nadia：Hello, I'm Nadia.
I'm from Kenya.
I can speak Swahili and English.
I like dancing.

Lucas：Wow! I like dancing, too.

Ms. Baker：OK, OK, calm down, Lucas.

No.3

Mr. Oishi：Any questions?

Daichi：When is your birthday?

Nadia：My birthday is October 13th.

Daichi：Oh, I see.

Lucas：What sport do you like?

Nadia：I like cricket.

Sophia：Oh, really? Cricket is popular in Australia.

Saki：What is your treasure?

Nadia：My treasure is this sweatshirt.
It's from my friends in Kenya.
I like this cute dog.

Saki：Do you have a dog?

Nadia：Yes, I do. I have a dog at home.

Ms. Baker：You all are very good English speakers!

No.4

Sophia and Lucas：Hi, Nadia.

No.1

ナディア：あぁ…。わたしは少し緊張しています。

アリス：心配しないで。あなたは日本でよい友達を作れます。これはケニアのあなたの友達からのトレーナーです。明日はこれを着ていけますよ。

ナディア：そうね、お母さん。ありがとう。

No.2

全員：わたしたちのクラスへようこそ！

大石先生：こちらは新しいクラスメートのナディアです。

ナディア：こんにちは、わたしはナディアです。わたしはケニアの出身です。わたしはスワヒリ語と英語を話せます。わたしはおどることが好きです。

ルーカス：わあ！　わたしもおどることが好きです。

ベーカー先生：はい、はい。落ち着きなさい、ルーカス。

No.3

大石先生：質問はありますか。

大地：あなたの誕生日はいつですか。

ナディア：わたしの誕生日は 10 月 13 日です。

大地：へえ、そうですか。

ルーカス：あなたは何のスポーツが好きですか。

ナディア：わたしはクリケットが好きです。

ソフィア：えっ、本当？　クリケットはオーストラリアで人気があります。

早紀：あなたの宝物は何ですか。

ナディア：わたしの宝物はこのトレーナーです。ケニアの友達からもらったものです。わたしはこのかわいいイヌが好きです。

早紀：あなたはイヌを飼っていますか。

ナディア：はい。家で飼っています。

ベーカー先生：あなたたち全員、とても上手に英語を話しますね！

No.4

ソフィアとルーカス：やあ、ナディア。

Nadia : Hi.	ナディア：こんにちは。
Lucas : Where is your house?	ルーカス：あなたの家はどこですか。
Nadia : It's by the library.	ナディア：図書館のそばです。
Lucas : We live near the library, too!	ルーカス：わたしたちも図書館の近くに住んで
Sophia : We can walk home together!	います！
Nadia : Really? Great!	ソフィア：いっしょに歩いて家に帰れます！
	ナディア：本当？　すばらしい！

Watch and Think 教科書 p.7

Sophia : Hello, I'm Sophia. I'm from Australia. I like rugby. This is my treasure from my friends. I like cricket, too. Cricket is a popular sport in Australia. Cricket is like baseball. Eleven players are on each team. Two players run with their bats. It's fun.	ソフィア：こんにちは、わたしはソフィアです。わたしはオーストラリアの出身です。わたしはラグビーが好きです。これは友達からもらったわたしの宝物です。わたしはクリケットも好きです。クリケットはオーストラリアで人気のスポーツです。クリケットは野球に似ています。11人の選手がそれぞれのチームにいます。2人の選手がバットを持って走ります。おもしろいです。

Let's Watch 1 教科書 p.8

(Mr. Oishi : This is your new classmate, Nadia.)	（大石先生：こちらは新しいクラスメートのナディアです。）
Nadia : Hello, I'm Nadia. I'm from Kenya. I can speak Swahili and English. I like dancing.	ナディア：こんにちは、わたしはナディアです。わたしはケニアの出身です。わたしはスワヒリ語と英語を話せます。わたしはおどることが好きです。
(Lucas : Wow! I like dancing, too.)	（ルーカス：わあ！　わたしもおどることが好きです。）

Let's Listen 1 教科書 p.8

Ms. Baker : Hello, Mr. Oishi.	ベーカー先生：こんにちは、大石先生。
Mr. Oishi : Hello, Ms. Baker.	大石先生：こんにちは、ベーカー先生。
Ms. Baker : What color do you like?	ベーカー先生：あなたは何色が好きですか。

Mr. Oishi : I like red. How about you, Ms. Baker?	大石先生：わたしは赤が好きです。あなたはどうですか、ベーカー先生。
Ms. Baker : I like white and green. What sport do you like?	ベーカー先生：わたしは白と緑が好きです。あなたは何のスポーツが好きですか。
Mr. Oishi : I like soccer. Do you play soccer?	大石先生：わたしはサッカーが好きです。あなたはサッカーをしますか。
Ms. Baker : No, I don't. But I like baseball.	ベーカー先生：いいえ、しません。でも野球は好きです。
Mr. Oishi : Me, too!	大石先生：わたしもです！
Ms. Baker : How about animals? What animals do you like?	ベーカー先生：動物はどうですか。あなたはどの動物が好きですか。
Mr. Oishi : I like Japanese Akita dogs.	大石先生：わたしは日本の秋田犬が好きです。
Ms. Baker : Oh, you like big dogs.	ベーカー先生：まあ、あなたは大きなイヌが好きなのですね。

Let's Watch 2

教科書 p.9

(Sophia : Oh, really? Cricket is popular in Australia.)	（ソフィア：えっ、本当？ クリケットはオーストラリアで人気があります。）
Saki : What is your treasure?	早紀：あなたの宝物は何ですか。
Nadia : My treasure is this sweatshirt. It's from my friends in Kenya. (I like this cute dog.)	ナディア：わたしの宝物はこのトレーナーです。ケニアの友達からもらったものです。（わたしはこのかわいいイヌが好きです。）

Let's Listen 2

教科書 p.9

No.1
Daichi : Hello, I'm Daichi. I'm good at programming. My treasure is this tablet. It's from my grandfather.	大地：こんにちは、わたしは大地です。わたしはプログラミングが得意です。わたしの宝物はこのタブレットです。おじいさんからもらったものです。

No.2
Saki : Hello, I'm Saki. My treasure is this dictionary. It's a birthday present from my parents. I use this dictionary every day.	早紀：こんにちは、わたしは早紀です。わたしの宝物はこの辞書です。両親からの誕生日プレゼントです。わたしはこの辞書を毎日使います。

Your Goal

Deepa : Hello. I'm Deepa. I'm from India. I like badminton.
　　　　I'm good at playing badminton. My treasure is this bag. It's from my mother.
　　　　Thank you.
Ms. Ichinose : Any questions?
Genki : What color do you like?
Deepa : I like blue.
Akina : When is your birthday?
Deepa : My birthday is . . .

ディーパ：こんにちは。わたしはディーパです。わたしはインドの出身です。わたしはバドミントンが好きです。わたしはバドミントンが得意です。わたしの宝物はこのバッグです。お母さんからもらったものです。ありがとう。
一ノ瀬先生：何か質問は？
元気：あなたは何色が好きですか。
ディーパ：わたしは青が好きです。
明菜：あなたの誕生日はいつですか。
ディーパ：わたしの誕生日は…

Over the Horizon

p.12 文化探検

A : This is a picture of Uganda. What do the children have on their heads?
Water. Water is very important. But some people can't get water easily in Uganda.
So children go to a well every morning. It's very hard.

B : This is Mongolia. People have many horses. Horses are special for people in Mongolia.
People use their horses like cars. Horses are their treasures.

C : This is Cuba. People enjoy baseball very much here.
This is Mario. His treasure is his baseball glove. It is very old. But he loves it.

p.12 フカボリ！

Look at this picture. This is our hospital. It's in Uganda. The hospital is a gift from Japan.
It's our treasure. Thank you, Japan!

p.12 文化探検

A：これはウガンダの写真です。子供たちは頭に何を持っているのでしょうか。
水です。水はとても大切です。しかしウガンダには水を簡単に手に入れることのできない人々がいます。だから、毎朝子供たちは井戸に行きます。とても大変です。

B：これはモンゴルです。人々は多くのウマを飼っています。ウマはモンゴルの人々にとって特別です。人々はウマを車のように使います。ウマは彼らの宝物です。

C：これはキューバです。ここでは人々は野球をとても楽しみます。
こちらはマリオです。彼の宝物は野球のグローブです。とても古いです。でも彼はそれが大好きです。

p.12 フカボリ！

この写真を見てください。これはわたしたちの病院です。ウガンダにあります。病院は日本からの贈り物です。わたしたちの宝物です。ありがとう、日本！

p.13 世界探検 Canada

Chiyo：Hello, everyone! Are you ready?

Chiyo：Hello. I'm Chiyo. Nice to meet you.
Clara：Hello. I'm Clara from Canada. Nice to meet you, too.
Chiyo：How old are you?
Clara：I'm twelve.
Chiyo：Me, too. What food do you like?
Clara：I like pancakes with maple syrup. Canadian maple syrup is famous worldwide.
Chiyo：I see. Tell me more about your country.
Clara：Well, some people speak English. And some people speak French. You can find signs in English and French like this.
Chiyo：That's interesting!
Clara：And you can see Niagara Falls! It's wonderful.
Chiyo：I want to go to Canada someday.
Clara：Good! Please come to my country!

p.13 世界探検 Canada

千代：こんにちは、みなさん！　準備はできましたか。

千代：こんにちは。わたしは千代です。はじめまして。
クララ：こんにちは。わたしはカナダのクララです。こちらこそ、はじめまして。
千代：あなたは何歳ですか。
クララ：12歳です。
千代：わたしもです。あなたの好きな食べ物は何ですか。
クララ：わたしはメープルシロップをかけたパンケーキが好きです。カナダのメープルシロップは世界的に有名です。
千代：そうですか。あなたの国についてもっと教えてください。
クララ：えっと、一部の人々は英語を話します。そしてフランス語を話す人々もいます。このような英語とフランス語の標識を見つけることができます。
千代：それはおもしろいです！
クララ：そしてナイアガラの滝を見ることができます！　すばらしいですよ。
千代：わたしはいつかカナダに行ってみたいです。
クララ：いいですね！　どうぞわたしの国に来てください！

p.13 物語探検　Scott and Pat: This is my cat.

Scene 1

I am Scott. This is my house. I have a big tree. I like my house.

Scene 2

Eek! A mouse! A mouse in my house!

Scene 3

Don't worry! I have a cat. His name is Pat. He can catch the mouse.

Scene 4

Up the tree. Down the tree. Around the

p.13 物語探検　Scott and Pat: This is my cat.

Scene 1

わたしはスコットです。これはわたしの家です。大きな木があります。わたしはわたしの家が好きです。

Scene 2

わあっ！　ネズミ！　家の中にネズミが！

Scene 3

心配しないで！　わたしはネコを飼っています。彼の名前はパットです。彼はネズミを捕まえられます。

Scene 4

木に登って。木から降りて。木の周りを回って。

tree. Into a hole. Oh, no. Pat!

Scene 5 （教科書紙面）

I have a cat. His name is Pat. Pat, my cat, is on a mat.

穴に入って。ああ、だめ。パット！

Scene 5 （教科書紙面）

わたしはネコを飼っています。彼の名前はパットです。わたしのネコのパットはマットの上にいます。

 スクリプト Unit2

Listen and Think

教科書 pp.16-17

No.1

Mr. Oishi : We can talk with friends all over the world on this screen.

Lucas : Oh, I want to talk with my friend in Brazil.

Mr. Oishi : Sorry, but you can't do it now. It's 3:00 in the afternoon here in Japan.
But it's 3:00 in the morning in Brazil. Your friends are sleeping.

No.2

Mr. Oishi : Hello, Helmi.

Helmi : Hello from Finland! It's 9 a.m. in Helsinki.

Saki : Nine in the morning? Wow!

Mr. Oishi : Tell us about your daily schedule. What time do you get up?

Helmi : I always get up at 6 a.m. I usually play basketball at 3 p.m.
I sometimes watch TV at 8 p.m. I usually go to bed at 10 p.m.

Saki : Oh, I usually go to bed at nine.

Helmi : Really? I never go to bed at nine.

No.3

Ms. Baker : Hello, Samuel. It's 3:15 p.m. here in Japan. What time is it in New Zealand?

No.1

大石先生：わたしたちはこのスクリーンで世界中の友達と話ができます。

ルーカス：ああ、わたしはブラジルの友達と話がしたいです。

大石先生：ごめんね、でも今はできないのです。ここ日本は午後 3 時です。でもブラジルは午前 3 時です。あなたの友達はねています。

No.2

大石先生：こんにちは、ヘルミ。

ヘルミ：フィンランドからこんにちは！　ヘルシンキは午前 9 時です。

早紀：朝の 9 時？　わあ！

大石先生：あなたの毎日のスケジュールについて教えてください。あなたは何時に起きますか。

ヘルミ：わたしはいつも午前 6 時に起きます。わたしはふだん午後 3 時にバスケットボールをします。わたしは時々午後 8 時にテレビを見ます。わたしはふだん午後 10 時にねます。

早紀：へえ、わたしはふだん 9 時にねます。

ヘルミ：本当？　わたしは 9 時にねることはありません。

No.3

ベーカー先生：こんにちは、サミュエル。ここ日本は午後 3 時 15 分です。ニュージーランドは何時ですか。

Samuel : Good evening, everyone! It's 6:15
        p.m. here.
Mr. Oishi : Tell us about your daily
        schedule.
Samuel : I usually go to school at 8 a.m.
        And we always have a snack at
        10:30. It's "morning tea."
Lucas : Wow! Lucky you!
Samuel : Ha-ha-ha. And then we usually
        have lunch . . . .

No.4

Mr. Oishi : It's your turn, Nadia.
Nadia : OK. This is my friend, Daniel in
        Kenya.
Daniel : Hi, everyone. How are you, Nadia?
Nadia : Great.
Mr. Oishi : Hello, Daniel. Tell us about your
        daily schedule. What time do
        you get up?
Daniel : Well, I always get up at 5:30 a.m. I
        live in the countryside.
        I walk to school through the
        savanna.
Saki : The savanna? Really?

サミュエル：こんばんは、みなさん！　ここは
　　　　　　午後 6 時 15 分です。
大石先生：あなたの毎日のスケジュールについ
　　　　　て教えてください。
サミュエル：わたしはふだん午前 8 時に学校に
　　　　　　行きます。そしてわたしたちはい
　　　　　　つも 10 時 30 分に軽食を食べま
　　　　　　す。「モーニングティー」です。
ルーカス：わあ！　いいなあ！
サミュエル：はは。それからわたしたちはふだ
　　　　　　ん昼食を…。

No.4

大石先生：あなたの番です、ナディア。
ナディア：わかりました。こちらはケニアのわ
　　　　　たしの友達のダニエルです。
ダニエル：こんにちは、みなさん。元気ですか、
　　　　　ナディア。
ナディア：とても元気です。
大石先生：こんにちは、ダニエル。あなたの毎
　　　　　日のスケジュールについて教えてく
　　　　　ださい。あなたは何時に起きますか。
ダニエル：えっと、わたしはいつも午前 5 時
　　　　　30 分に起きます。わたしはいなかに
　　　　　住んでいます。わたしはサバンナを
　　　　　通って学校に歩いて行きます。
早紀：サバンナ？　本当？

教科書 p.17

Watch and Think

Ms. Baker : Hi. I'm Ellen Baker. I usually
        watch TV on weekends. I love
        music programs.
        I love watching Major League
        Baseball, too. How about you?
        Tell me about your weekend
        schedule!

ベーカー先生：こんにちは。わたしはエレン・ベー
　　　　　　　カーです。わたしはふだん週末
　　　　　　　にテレビを見ます。わたしは音
　　　　　　　楽番組が大好きです。わたしは
　　　　　　　メジャーリーグベースボール（＝
　　　　　　　野球）を見るのも大好きです。
　　　　　　　あなたはどうですか。あなたの
　　　　　　　週末のスケジュールについて教
　　　　　　　えてください。

Let's Watch

(Mr. Oishi : What time do you get up?)
Helmi : I always get up at 6 a.m. I usually
        play basketball at 3 p.m.
        I sometimes watch TV at 8 p.m. I
        usually go to bed at 10 p.m.
(Saki : Oh, I usually go to bed at nine.)

（大石先生：あなたは何時に起きますか。）
ヘルミ：わたしはいつも午前6時に起きます。
        わたしはふだん午後3時にバスケット
        ボールをします。わたしは時々午後8
        時にテレビを見ます。わたしはふだん
        午後10時にねます。
（早紀：へえ、わたしはふだん9時にねます。）

Let's Listen 1

Ms. Baker : Tell me about your Sunday
            schedule, Nadia. What time do
            you usually get up?
Nadia : I usually get up at 6:30 a.m.
Ms. Baker : What time do you usually do
            your homework?
Nadia : I usually do it at 10 a.m.
Ms. Baker : Oh, really? In the morning?
Nadia : Yes! I want to practice dancing in
        the afternoon.
Ms. Baker : I see. What time do you usually
            go to bed?
Nadia : I usually go to bed at 9:30 p.m.
Ms. Baker : OK. Thanks, Nadia.

ベーカー先生：ナディア、あなたの日曜日のス
            ケジュールについて教えてくだ
            さい。あなたはふだん何時に起
            きますか。
ナディア：わたしはふだん午前6時30分に起
        きます。
ベーカー先生：ふだんは何時に宿題をしますか。
ナディア：たいてい午前10時にします。
ベーカー先生：あら、本当？　午前中に？
ナディア：はい！　午後はダンスの練習をした
        いのです。
ベーカー先生：なるほど。ふだん何時にねますか。
ナディア：わたしはふだん午後9時30分にね
        ます。
ベーカー先生：わかりました。ありがとう、ナディ
            ア。

Let's Listen 2

Nadia : Look at this chart, Eric.
Eric : OK, Nadia. Why?
Nadia : I wash the dishes on Mondays,
        Tuesdays, Wednesdays, Thursdays,
        and Sundays.
        I usually wash the dishes! But you
        only clean the bath on Mondays
        and Sundays.
Eric : Yes, I sometimes clean the bath . . . .

ナディア：この表を見てください、エリック。
エリック：いいよ、ナディア。どうして？
ナディア：わたしは、月曜日、火曜日、水曜日、
        木曜日、そして日曜日にお皿を洗い
        ます。わたしはふだんお皿を洗いま
        す！　でもあなたは月曜日と日曜日
        に風呂を掃除するだけです。
エリック：はい、わたしは時々風呂を掃除しま
        す…。

Nadia : Mom and Dad are tired. You can help them more. Eric : OK, I see. I'll do my best. Nadia : Start today. OK?	ナディア：お母さんとお父さんは疲れています。あなたは彼らをもっと助けられます。 エリック：そうですね、わかりました。がんばります。 ナディア：今日から始めてください。いいですね？

教科書 p.2

Your Goal

Brian : Hello. I'm Brian. This is my weekend schedule. I usually get up at 6 a.m. I sometimes play tennis at 9:30 a.m. I usually walk my dog at 5 p.m. Nanami : Oh, you have a dog. Brian : Yes, and I have a rabbit, too. Genki : Lucky you! Deepa : What time do you go to bed? Brian : I usually go to bed at 8 p.m. Itsuki : Really? I never go to bed at 8 p.m.	ブライアン：こんにちは。わたしはブライアンです。これはわたしの週末のスケジュールです。わたしはふだん午前6時に起きます。わたしは時々午前9時30分にテニスをします。わたしはふだん午後5時にイヌの散歩をします。 七海：あら、あなたはイヌを飼っているのですね。 ブライアン：はい、それからウサギも飼っています。 元気：いいなあ！ ディーパ：あなたは何時に寝ますか。 ブライアン：わたしはふだん午後8時にねます。 樹：本当？　わたしは決して午後8時にはねません。

Over the Horizon

教科書 pp.22-23

p.22 文化探検 Let's look at elementary school life in America. Every morning, many school buses are on the roads. Many students go to school by bus. It's 10:30 a.m. It's reading time. Students read books. And they write book reports together. It's 11 a.m. It's discussion time. They enjoy talking.	p.22 文化探検 アメリカの小学校の生活を見ましょう。 毎朝、多くのスクールバスが道路にいます。多くの生徒がバスで学校に行きます。 午前10時30分、読書の時間です。生徒たちは本を読みます。そして彼らは読書感想文をいっしょに書きます。 午前11時、議論の時間です。生徒たちは話すことを楽しみます。

It's 12:15 p.m. It's lunchtime. This is their cafeteria. They are eating lunch with their friends. They look happy!
It's 4 p.m. It's club activity time. This is the robot club. They are good at programming.

What do you think about school life in America?

p.22 フカボリ！
The weather in New York will be sunny today. But it's cold.
The low will be 40 degrees, and the high will be 45. Don't forget your coats.

p.23 世界探検 Sweden
Chiyo：Hello, everyone! Are you ready?

Chiyo：Hi, I'm Chiyo. Nice to meet you.
Carl：Hej, Chiyo. I'm Carl in Sweden. Nice to meet you, too.
Chiyo：I want to learn about Sweden.
Carl：Well, crayfish are popular in Sweden!
Chiyo：Wow, *zarigani*!
Carl：We love crayfish. They are delicious.
Chiyo：I want to try some!
Carl：Now, look at this picture. This is a picture in summer at 11 p.m.
In summer, the sky is not dark at night.
Chiyo：That's interesting.
Carl：Here. This is a picture of 11 p.m. in winter.
Chiyo：Wow, it's beautiful. What is it?
Carl：It's an aurora. We sometimes see them in winter.

午後 12 時 15 分、昼食の時間です。これは生徒たちのカフェテリアです。彼らは友達と昼食を食べています。幸せそうです！
午後 4 時、部活動の時間です。これはロボット部です。彼らはプログラミングが得意です。

あなたはアメリカの学校生活についてどう思いますか。

p.22 フカボリ！
ニューヨークの今日の天気は晴れでしょう。しかし寒いです。
最低気温は 40 度で、そして最高気温は 45 度になるでしょう。コートを忘れないでください。
※華氏 40 度≒摂氏 4.4 度, 華氏 45 度≒摂氏 7.2 度

p.23 世界探検
千代：こんにちは、みなさん！　準備はできましたか。

千代：こんにちは、わたしは千代です。はじめまして。
カール：ヘイ（＝こんにちは）、千代。わたしはスウェーデンのカールです。こちらこそ、はじめまして。
千代：わたしはスウェーデンについて学びたいです。
カール：えっと、クレイフィッシュはスウェーデンで人気です！
千代：わあ、ザリガニね！
カール：わたしたちはザリガニが大好きです。とてもおいしいです。
千代：少し食べてみたいです！
カール：さて、この写真を見てください。これは夏の午後 11 時の写真です。夏は、夜でも空が暗くないのです。
千代：それはおもしろいです。
カール：ほら。これは冬の午後 11 時の写真です。
千代：わあ、美しい。これは何ですか。
カール：オーロラです。冬に時々オーロラを見ます。

Chiyo : I want to see an aurora someday!
Carl : Please come to Sweden. Let's see an aurora together!

千代 : わたしはいつかオーロラを見たいです！

カール : どうぞスウェーデンに来てください。
いっしょにオーロラを見ましょう！

p.23 物語探検　Scott and Pat: International Food Festival

p.23 物語探検

Scene 1

I love soup! First, I want to try soup from Morocco. This is bean soup. It tastes good.

Scene 1

わたしはスープが大好きです！　最初に、わたしはモロッコのスープを飲んでみたいです。これは豆のスープです。よい味がします。

Scene 2

This soup is from Russia. It's beet soup. You can enjoy beef, celery, carrot, cabbage, and onions in it. It's delicious!

Scene 2

このスープはロシアからのものです。ビーツのスープです。中に入った牛肉、セロリ、ニンジン、キャベツ、そしてタマネギを楽しめます。とてもおいしいです！

Scene 3

This soup is from France. It's seafood soup. You can enjoy crab, shrimp, shellfish, and fish in it. Mm, yummy. It's very tasty.

Scene 3

このスープはフランスからのものです。魚介類のスープです。中に入ったカニ、エビ、貝、そして魚を楽しめます。うん、おいしい。とても風味がよいです。

Scene 4

Just one more soup. Miso soup is wonderful. It's from Japan. It's very healthy. I like the tofu and seaweed in it.

Scene 4

スープをもう一杯。みそ汁はすばらしいです。日本からのものです。とても健康によいです。わたしは中の豆腐と海藻が好きです。

Scene 5 （教科書紙面）

Bean soup is hot. Beet soup is hot. Bean soup is in a pot. Beet soup is in a pot.

Scene 5 （教科書紙面）

豆のスープは熱い。ビーツのスープは熱い。豆のスープはなべに入っています。ビーツのスープはなべに入っています。

 Unit3

Listen and Think

教科書 pp.26-27

No.1

Saki : Wow! This is my first international party!
Taiyo : Hello, Emma. This is my sister, Saki.

No.1

早紀 : わあ！　これはわたしの初めての国際交流パーティーです！
太陽 : こんにちは、エマ。こちらはわたしの妹の早紀です。

Emma : Hello, Saki. Nice to meet you. I'm
Emma. I'm from Switzerland.
Saki : Nice to meet you, too.
Emma : Would you like some Swiss food?
Saki : Oh. Yes, please!

No.2

Sophia : How was your weekend, Saki?
Saki : I went to an international party with
my brother.
Sophia : Wow! How was it?
Saki : It was fun. I ate Swiss food. It was
delicious.

No.3

Saki : How was your weekend, Sophia?
Sophia : I went to the stadium. I enjoyed
watching a rugby game.
I ate fried chicken. It was great!
Lucas : I watched a soccer game on TV.
My father scored two goals!

No.4

Saki : Oh, so you had a nice weekend. I
want to watch a rugby game, too.
Lucas : I like the All Blacks, the New
Zealand national team.
The All Blacks perform the Haka
before games.
The Haka is a unique dance from
New Zealand.
Let's try it, Daichi! Hah! Huh! Hah!

エマ：こんにちは、早紀。はじめまして。わた
しはエマです。わたしはスイスの出身です。
早紀：こちらこそ、はじめまして。
エマ：いくらかスイスの食べ物はいかがですか。
早紀：おお。はい、ぜひ！

No.2

ソフィア：早紀、週末はどうでしたか。
早紀：わたしはお兄さんと国際交流パーティー
に行きました。
ソフィア：わあ！　それはどうでしたか。
早紀：楽しかったです。スイスの食べ物を食べ
ました。とてもおいしかったです。

No.3

早紀：ソフィア、週末はどうでしたか。
ソフィア：わたしはスタジアムに行きました。
わたしはラグビーの試合を見て楽し
みました。わたしはフライドチキン
を食べました。すばらしかった！
ルーカス：わたしはサッカーの試合をテレビで
見ました。わたしのお父さんが2ゴー
ルを決めました！

No.4

早紀：まあ、あなたたちはよい週末を過ごしま
したね。わたしもラグビーの試合を見た
いです。
ルーカス：わたしはニュージーランドの国の代
表チーム、オールブラックスが好き
です。オールブラックスは試合の前
にハカを披露します。ハカはニュー
ジーランドの独特のおどりです。やっ
てみよう、大地！はっ！ふっ！はっ！

Watch and Think

教科書 p.27

Emma : Hi, I'm Emma. I'm from
Switzerland. I enjoyed the
international party last Saturday.
It was fantastic. I ate cheese
fondue there.
Cheese fondue is a traditional
food in Switzerland. It was

エマ：こんにちは、わたしはエマです。わたし
はスイスの出身です。先週の土曜日にわ
たしは国際交流パーティーを楽しみまし
た。それはすばらしかったです。わたし
はそこでチーズフォンデュを食べました。
チーズフォンデュはスイスの伝統的な食
べ物です。とてもおいしかったです。あ

delicious.
How was your weekend? Did you
eat something delicious?
Tell me about your weekend!

なたの週末はどうでしたか。何かおいし
いものを食べましたか。あなたの週末に
ついて教えてください！

Let's Watch

教科書 p.28

Saki : How was your weekend, Sophia?
Sophia : I went to the stadium. I enjoyed
watching a rugby game.
I ate fried chicken. It was great!

早紀：ソフィア、週末はどうでしたか。
ソフィア：わたしはスタジアムに行きました。
わたしはラグビーの試合を見て楽し
みました。わたしはフライドチキン
を食べました。すばらしかった！

Let's Listen 1

教科書 p.28

No.1
Sophia : How was your weekend, Daichi?
Daichi : It was fun. I went to the park. I ate
ice cream. It was delicious!
Sophia : Sounds nice!

No.2
Sophia : How about you, Mr. Oishi? How
was your weekend?
Mr. Oishi : It was good. I went to a
department store. I ate pudding
there.
Sophia : Oh, do you like pudding?
Mr. Oishi : Yes, I do!

No.3
Sophia : How about you, Ms. Baker?
Ms. Baker : I didn't go anywhere. I stayed
at home. I enjoyed watching
TV!
Sophia : Sounds good!

No.1
ソフィア：週末はどうでしたか、大地。
大地：楽しかったです。わたしは公園に行きま
した。アイスクリームを食べました。と
てもおいしかったです！
ソフィア：いいですね！

No.2
ソフィア：いかがですか、大石先生。週末はど
うでしたか。
大石先生：よかったです。わたしは百貨店に行
きました。そこでプリンを食べました。
ソフィア：あら、先生はプリンが好きなのですか。
大石先生：はい、そうです！

No.3
ソフィア：いかがですか、ベーカー先生。
ベーカー先生：わたしはどこへも行きませんで
した。家にいました。わたしは
テレビを見て楽しみました！
ソフィア：いいですね！

Let's Listen 2

教科書 p.29

Daichi：How was your weekend, Nadia?

Nadia：It was nice. I went to a restaurant with my family.
I ate sushi. The tuna was so delicious.

Daichi：Sushi! Lucky you!

大地：週末はどうでしたか、ナディア。

ナディア：よかったです。わたしは家族とレストランに行きました。わたしは寿司を食べました。マグロがとてもおいしかったです。

大地：寿司！　いいなあ！

Your Goal

教科書 p.31

Brian：How was your weekend?

Nanami：It was fun. I went to the park with my friends. We enjoyed playing dodgeball.

Brian：Cool! Are you good at dodgeball?

Nanami：Yes, I am.

Brian：How was the weather?

Nanami：It was sunny.

Brian：Perfect.

ブライアン：週末はどうでしたか。

七海：楽しかったです。わたしは友達と公園に行きました。わたしたちはドッジボールをして楽しみました。

ブライアン：かっこいい！　あなたはドッジボールが得意ですか。

七海：はい、得意です。

ブライアン：天気はどうでしたか。

七海：晴れでした。

ブライアン：最高ですね。

Over the Horizon

教科書 pp.32-33

p.32 文化探検

A：I'm Sam in New Zealand. I went to a festival last summer. Santa Claus was in the parade. Christmas in summer is wonderful.

B：I'm Christina in Russia. I went to our dacha last summer vacation. A dacha means "a second house" in Russian. Our dacha has a vegetable garden. I ate many vegetables there.
They were fresh and delicious.

C：I'm Faye in the Philippines. We have summer vacation from April to May. It was very hot last May. So I often ate halo-halo, a cold dessert.
I went to a halo-halo shop by "jeepney."

p.32 文化探検

A：わたしはニュージーランドのサムです。昨年の夏、わたしは祭りに行きました。パレードにはサンタクロースがいました。夏のクリスマスはすばらしいです。

B：わたしはロシアのクリスティーナです。わたしは昨年の夏休みにダーチャに行きました。ダーチャはロシア語で「別荘」を意味します。わたしたちのダーチャには菜園があります。わたしはそこでたくさんの野菜を食べました。新鮮でとてもおいしかったです。

C：わたしはフィリピンのフェイです。わたしたちは4月から5月まで夏休みがあります。昨年の5月はとても暑かったです。ですからわたしは冷たいデザートのハロハロをよく食べました。わたしはハロハロの店に

Jeepneys are buses. They're very colorful.

p.32 フカボリ！

This is a famous festival in Spain. It's called Tomatina. People throw tomatoes at each other. It looks like fun. Do you want to join this festival?

p.33 世界探検 India

Chiyo : Hello, everyone! Are you ready?

Chiyo : Hello, Aisha.
Aisha : Namaste! I'm Aisha from India.
Chiyo : Nice to meet you.
Aisha : Nice to meet you, too.

Chiyo : How was your weekend?
Aisha : It was great. I went to a wedding party. Do you like dancing?
Chiyo : Yes, I do.
Aisha : We love dancing, too! Look!
Chiyo : Wow! Everyone is dancing!
Aisha : Yes! It was so much fun! What do you know about India, Chiyo?
Chiyo : Well, I know curry, naan, lassi, ...
Aisha : Wow! You know about India's food and drinks.
But I can tell you more about India. For example, India is the world's No.1 film making country.
Indian movies are exciting and fun.
Chiyo : That's interesting. I want to watch one.
Aisha : India is a wonderful country! Please come to India someday!

p.32 フカボリ！

これはスペインの有名な祭りです。トマティーナと呼ばれています。人々はお互いにトマトを投げます。楽しそうです。あなたはこの祭りに参加したいですか。

p.33 世界探検

千代：こんにちは、みなさん！　準備はできましたか。

千代：こんにちは、アイシャ。
アイシャ：ナマステ！（＝こんにちは！）わたしはインドのアイシャです。
千代：はじめまして。
アイシャ：こちらこそ、はじめまして。

千代：週末はどうでしたか。
アイシャ：すばらしかったです。わたしは結婚パーティーに行きました。あなたはおどることが好きですか。
千代：はい、好きです。
アイシャ：わたしもおどることが大好きです！見てください！
千代：わあ！　みんながおどっていますね！
アイシャ：はい！　とても楽しかったです！千代、あなたはインドについて何を知っていますか。
千代：えっと、カレー、ナン、ラッシーを知っています…。
アイシャ：わあ！　あなたはインドの食べ物と飲み物について知っていますね。でも、わたしはあなたにもっとインドについて教えられます。例えば、インドは世界でナンバー１の映画を製作する国です。インドの映画は興奮するし、おもしろいです。
千代：それは興味深いですね。どれか見たいです。
アイシャ：インドはすばらしい国です！　どうぞいつかインドに来てください！

Chiyo：Sure!

千代：もちろんです！

p.33 物語探検　Scott and Pat: Where is Pat?

p.33 物語探検

Scene 1

Scott：Hi, Pedro. Did you see my cat?
Pedro：No. Sorry.
Scott：That's OK. Bye.
Pedro：Wait, Scott. Here. Have some paella.
Scott：Oh, thank you.

Scene 1

スコット：やあ、ペドロ。わたしのネコを見ましたか。
ペドロ：いいえ。ごめんなさい。
スコット：いいのです。さようなら。
ペドロ：待って、スコット。どうぞ。パエリアをいくらか持っていってください。
スコット：おお、ありがとう。

Scene 2

Scott is still looking for Pat.
Scott：Hi, Pham（范）. Did you see my cat?
Pham：No. Sorry.
Scott：That's OK. Bye.
Pham：Wait, Scott. Here. Have some spring rolls.
Scott：Oh, thank you.

Scene 2

スコットはまだパットを捜しています。
スコット：やあ、ファム。わたしのネコを見ましたか。
ファム：いいえ。ごめんなさい。
スコット：いいのです。さようなら。
ファム：待って、スコット。どうぞ。春巻（※）をいくつか持っていってください。（※ベトナムの生春巻を想定している。）
スコット：おお、ありがとう。

Scene 3

Scott is still looking for Pat.
Scott：Hi, Eva. Did you see my cat?
Eva：No. Sorry.
Scott：That's OK. Bye.
Eva：Wait, Scott. Here. Have some rice balls.
Scott：Oh, thank you. My favorite!

Scene 3

スコットはまだパットを捜しています。
スコット：やあ、エバ。わたしのネコを見ましたか。
エバ：いいえ。ごめんなさい。
スコット：いいのです。さようなら。
エバ：待って、スコット。どうぞ。ライスボール（※）をいくつか持っていってください。（※ギリシャのドルマデスを想定している。）
スコット：おお、ありがとう。わたしの好物です！

Scene 4

Scott is still looking for Pat.
Scott：Hi, Malik. Oh, there you are, Pat!
Pat：Meow!
Scott：Thank you, Malik. Thank you very much. Bye.
Malik：Wait, Scott. Come inside. Have some lunch with us.

Scene 4

スコットはまだパットを捜しています。
スコット：やあ、マリク。ああ、ここにいたのか、パット！
パット：ニャーオ！
スコット：ありがとう、マリク。本当にありがとう。さようなら。
マリク：待って、スコット。中に入って。わたしたちと昼食を食べてください。

Scott：Really? OK!	スコット：本当？　わかった！

Scene 5 (教科書紙面)
A nice lunch! Delicious rice dishes!
Munch, munch, crunch, crunch.

Scene 5 (教科書紙面)
すてきな昼食！　おいしいお米の料理！
むしゃむしゃ、もぐもぐ、バリバリ、ボリボリ。

 スクリプト **Unit4**

教科書 pp.38-3

Listen and Think

No.1

Ms. Baker：Let's learn about the world today!

Mr. Oishi：First, can you tell us about Australia, Sophia?

Sophia：Sure. Australia is a nice country. You can see Uluru, Ayers Rock. It's a very big brown rock. It's a World Heritage site.
And you can eat crocodile steak in Australia. It's delicious. Let's go to Australia.

Mr. Oishi：Ah, I want to go to Australia! Thank you, Sophia.
Now, make groups and talk about your favorite countries.

No.1

ベーカー先生：今日は世界について学びましょう！

大石先生：最初に、わたしたちにオーストラリアについて教えてくれますか、ソフィア。

ソフィア：もちろんです。オーストラリアはよい国です。ウルル、つまりエアーズロックが見られます。それはとても大きい茶色の岩です。世界遺産です。そしてオーストラリアではワニステーキが食べられます。とてもおいしいです。オーストラリアに行きましょう。

大石先生：ああ、わたしはオーストラリアに行きたいです！　ありがとう、ソフィア。さあ、グループを作って、そしてお気に入りの国について話してください。

No.2

Sophia：Where do you want to go, Daichi?

Daichi：I want to go to America. You can eat big hamburgers in America. You can see the Golden Gate Bridge.
You can visit the Computer History Museum in California.
I want to be a programmer!

Nadia：That's great!

No.2

ソフィア：あなたはどこにいきたいですか、大地。

大地：わたしはアメリカに行きたいです。アメリカでは大きなハンバーガーが食べられます。ゴールデンゲートブリッジが見られます。カリフォルニアのコンピューター歴史博物館を訪れることができます。わたしはプログラマーになりたいのです！

ナディア：それはすごいです！

No.3

Daichi : How about you, Nadia? Where do you want to go?

Nadia : I want to go to Vietnam. I want to buy an ao dai, a Vietnamese dress. I want to wear it.

Mr. Oishi : And you can eat pho. It's delicious.

Nadia : Yes!

No.4

Nadia : Where do you want to go?

Sophia : Well, I want to see different animals all over the world. I like animals very much.

Lucas : Come to Brazil! You can see many unique plants and animals in the rainforest.

Sophia : That sounds fantastic.

No.3

大地：あなたはどうですか、ナディア。あなたはどこに行きたいですか。

ナディア：わたしはベトナムに行きたいです。アオザイという、ベトナムのドレスを買いたいです。わたしはそれを着たいのです。

大石先生：そしてフォーが食べられますね。とてもおいしいですよ。

ナディア：はい！

No.4

ナディア：あなたはどこに行きたいですか。

ソフィア：えっと、わたしは世界中のさまざまな動物を見たいです。わたしは動物がとても好きです。

ルーカス：ブラジルに来てください！　熱帯雨林でたくさんの固有の植物と動物を見られます。

ソフィア：それはすばらしいでしょうね。

Watch and Think

教科書 p.39

Ms. Baker : Hi, I'm Ellen Baker. Today, I'd like to tell you about Boston, my hometown!
Boston is here. It's on the East Coast in America.
You can enjoy professional sports in Boston: basketball, ice hockey, football, and, of course, baseball! I love the Boston Red Sox!
You can visit the Museum of Fine Arts in Boston.
You can see so many beautiful pictures there. This is *La Japonaise*.
What do you think about Boston? Do you want to go to Boston someday?
Where do you want to go?

ベーカー先生：こんにちは、わたしはエレン・ベーカーです。今日は、わたしのふるさと、ボストンについてお伝えしたいです！　ボストンはここです。アメリカの東海岸にあります。ボストンではプロスポーツが楽しめます。バスケットボール、アイスホッケー、アメリカンフットボール、そして、もちろん野球！　わたしはボストン・レッドソックスが大好きです！　ボストンではボストン美術館を訪れることができます。そこではとても多くの美しい絵画を見られます。これはラ・ジャポネーズです。あなたはボストンについてどう思いますか。いつかボストンに行ってみたいですか。あなたはどこに行きたいですか。

Let's Watch

Sophia：Where do you want to go, Daichi?
Daichi：I want to go to America. You can eat big hamburgers in America.
You can see the Golden Gate Bridge.
You can visit the Computer History Museum in California.
（I want to be a programmer!）

ソフィア：あなたはどこにいきたいですか、大地。
大地：わたしはアメリカに行きたいです。アメリカでは大きなハンバーガーが食べられます。ゴールデンゲートブリッジが見られます。カリフォルニアのコンピューター歴史博物館を訪れることができます。
（わたしはプログラマーになりたいのです！）

Let's Listen

No.1
Mr. Oishi：It's your turn, Lucas. Where do you want to go?
Lucas：I want to see World Heritage sites. Do you have any ideas?
Mr. Oishi：How about India? You can see the Taj Mahal there. It's white and beautiful.
Lucas：That sounds interesting.

No.1
大石先生：あなたの番です、ルーカス。あなたはどこに行きたいですか。
ルーカス：わたしは世界遺産が見たいです。何か考えはありますか。
大石先生：インドはどうですか。そこではタージ・マハルが見られます。白くて美しいです。
ルーカス：それはおもしろそうですね。

No.2
Mr. Oishi：Where do you want to go, Saki?
Saki：I want to go to Italy. I want to eat pizza.
Mr. Oishi：Well, you can eat pizza in Italy. Pizza in Naples is great!
Saki：Naples?
Mr. Oishi：Yes. Naples is a city in Italy. It's *napori* in Japanese.
Saki：Oh, I see.

No.2
大石先生：あなたはどこに行きたいですか、早紀。
早紀：わたしはイタリアに行きたいです。わたしはピザが食べたいです。
大石先生：そうだなあ、イタリアでピザが食べられますよ。ネープルズのピザはすごいです！
早紀：ネープルズ？
大石先生：そう。ネープルズはイタリアの都市です。日本語ではナポリですね。
早紀：ああ、なるほど。

No.3
Mr. Oishi：How about you, Sophia?
Sophia：I want to go to America. I want to see the Statue of Liberty. And I want to buy a souvenir for my father. But I have no ideas.

No.3
大石先生：あなたはどうですか、ソフィア。
ソフィア：わたしはアメリカに行きたいです。わたしは自由の女神を見たいのです。そしてわたしはお父さんにお土産を買いたいです。でも思いつきません。

Mr. Oishi : Ms. Baker, do you have any ideas?

Ms. Baker : You can buy a dream catcher. It's a beautiful talisman.

Sophia : Sounds nice!

Daichi : Ms. Baker, how do you say "talisman" in Japanese?

Ms. Baker : It's *omamori*.

Daichi : I see. Thank you!

大石先生：ベーカー先生、何か考えはありますか。

ベーカー先生：ドリームキャッチャーを買えますよ。美しいタリスマンです。

ソフィア：いいですね！

大地：ベーカー先生、「タリスマン」は日本語でどう言いますか。

ベーカー先生：お守りです。

大地：わかりました。ありがとう！

Your Goal

教科書 p.43

Brian : Where do you want to go?

Akina : Hm, I don't know. Where do you want to go?

Brian : Let's go to France. You can see the Eiffel Tower. It's beautiful. France is a nice country.

Akina : Oh, I see. Anything else?

Brian : You can eat delicious bread. You can visit a famous museum, too. You can see *the Mona Lisa* there.

Akina : Oh, great!

ブライアン：あなたはどこに行きたいですか。

明菜：うーん、分かりません。あなたはどこに行きたいですか。

ブライアン：フランスに行きましょう。エッフェル塔を見られます。美しいです。フランスはすてきな国です。

明菜：へえ、そうですか。他に何かありますか。

ブライアン：とてもおいしいパンを食べられます。有名な美術館を訪れることもできます。そこでモナリザを見られますよ。

明菜：おお、すごい！

Over the Horizon

教科書 pp.44-45

p.44 文化探検

A : This is Venice. It's a World Heritage site in Italy. This is a gondola. It's like a taxi on water.
You can see many beautiful churches in Venice. Oh, you can buy famous glasses, too.
Many tourists come here.

B : This is a picture of a rainforest in Borneo, Malaysia. It's a World Heritage site.

p.44 文化探検

A：これはベニス（＝ベネチア）です。イタリアの世界遺産です。これはゴンドラです。水上のタクシーのようです。ベニスでは多くの美しい教会を見ることができます。ああ、有名なグラスも買えますよ。ここには多くの旅行者が来ます。

B：これはマレーシアのボルネオ島の熱帯雨林の写真です。世界遺産です。

You can see a lot of unique plants and animals here. The tropical rainforest is their home.
Wow! An elephant! It's so big! And an orangutan! It's so cute.
C : Now, it's quiz time!
What's this?
Yes, it's a monkey.
Next, what's this?
It's a spider.
This is a World Heritage site in Peru. These are called the Nazca Lines. They are very mysterious. You can see these pictures from the sky!

p.44 フカボリ！

Japan has many World Heritage sites. How many World Heritage sites do you know?

p.45 世界探検 Spain

Chiyo : Hello, everyone! Are you ready?

Chiyo : Hello! I'm Chiyo.
Paula : Hola! Hi, I'm Paula from Spain.
Chiyo : Tell me about your country.
Paula : OK! Spain has many World Heritage sites. For example, Sagrada Familia!
Chiyo : I know that church. It's in Barcelona!
Paula : Yes. Many tourists go there.
Chiyo : It's fantastic!
Paula : And tourists enjoy paella, a famous rice dish.
Chiyo : It looks delicious.
Paula : It is delicious. Oh, I want to talk about the San Fermin Festival, too.

ここでは多くの独特な植物と動物を見られます。南国の熱帯雨林が彼らのすみかです。
わあ！　ゾウ！　とても大きいです！　そしてオランウータン！　とてもかわいいです。

C：さあ、クイズの時間です！
これは何ですか。そう、サルです。次に、これは何ですか。クモです。
これはペルーの世界遺産です。これらはナスカの地上絵と呼ばれています。とても不思議です。あなたはこれらの絵を空から見ることができます！

p.44 フカボリ！

日本には多くの世界遺産があります。あなたはいくつの世界遺産を知ってますか。

p.45 世界探検

千代：こんにちは、みなさん！　準備はできましたか。

千代：こんにちは！　わたしは千代です。
パウラ：オラ（＝こんにちは）！　こんにちは、わたしはスペインのパウラです。
千代：あなたの国について教えてください。
パウラ：わかりました！　スペインには多くの世界遺産があります。例えば、サクラダ・ファミリア！
千代：わたしはその教会を知っています。バルセロナにあります！
パウラ：そうです。たくさんの旅行者がそこに行きます。
千代：すばらしい！
パウラ：そして旅行者は有名な米料理のパエリアを楽しみます。
千代：とてもおいしそうですね。
パウラ：とてもおいしいです。ああ、わたしはサン・フェルミン祭についても話したいのです。

Chiyo：What's that?

Paula：It's a very interesting festival. People run in front of the bulls like this.

Chiyo：Oh, that looks dangerous. But Spain looks very nice.

Paula：Please come and enjoy our country!

p.45 物語探検　Life in the Sea: I'm Lee. I'm a sea turtle.

Scene 1

Hi, everyone. I'm a sea turtle. Call me Lee. I'm from Yakushima.

Scene 2

I live in the sea. I have a big brown shell. I eat jellyfish, shellfish, small fish, and sometimes weeds. I can swim fast.

Scene 3

I had 30 brothers and sisters. But now, I have only five. The seashore is dangerous. We can't walk fast.

Scene 4

I swim across the sea. I go to America. I see a big friend there. Can you guess who?

Scene 5（教科書紙面）

My name is Lee. I live in the sea. I eat jellyfish, shellfish, and small fish.

千代：それは何ですか。

パウラ：とてもおもしろい祭りです。人々はこのように雄牛（おうし）の前を走ります。

千代：ああ、危なそうです。でもスペインはとてもすてきそうです。

パウラ：どうぞわたしの国に来て楽しんでください！

p.45　物語探検

Scene 1

やあ、みなさん。わたしはウミガメです。リーと呼んでください。わたしは屋久島の出身です。

Scene 2

わたしは海で暮らしています。わたしには大きい茶色の甲羅があります。わたしはクラゲ、貝、小さな魚、そして時々海藻を食べます。わたしは速く泳げます。

Scene 3

わたしには 30 匹の兄弟と姉妹がいました。でも今はたった 5 匹です。海辺は危険です。わたしたちは速く歩けません。

Scene 4

わたしは海を渡って泳ぎます。わたしはアメリカに行きます。わたしはそこで大きな友達に会いました。誰だか分かりますか。

Scene 5（教科書紙面）

わたしの名前はリーです。わたしは海で暮らしています。わたしはクラゲ、甲殻類、そして小さな魚を食べます。

No.1

Sophia : I like this sweater. Mom, what do you think?

Ruby : It looks really nice on you. Let me see.
Oh, this sweater is from New Zealand. It's wool.
New Zealand wool is very good.

Sophia : Sounds great.

Oliver : Look at this hat. Is this a good present for Dad?

Sophia and Ruby : It's perfect.

No.2

Ms. Baker : Look at this map!
Asia, Europe, North America, South America, Africa, and Oceania.
It's a great big world, but we are all connected.
Many things come from all over the world.

Mr. Oishi : Do you know any good examples? Raise your hand.

Sophia : I know.

Mr. Oishi : Yes, Sophia. Go ahead.

Sophia : This is my sweater. It's from New Zealand.

Ms. Baker : Where is New Zealand, Sophia?

Sophia : New Zealand is in Oceania. It's close to Australia.
New Zealand is a beautiful country. I want to go there someday.

Ms. Baker : Thank you, Sophia. OK, everyone. Let's look for more examples!

No.3

Sophia : The potatoes are from Hokkaido. The octopus is from Morocco.

No.1

ソフィア：わたしはこのセーターが好きです。お母さん、どう思いますか。

ルビー：あなたに本当に似合いますね。えっと…。ああ、このセーターはニュージーランド製です。羊毛ですね。ニュージーランドの羊毛はとてもよいですよ。

ソフィア：すばらしいですね。

オリバー：この帽子を見てください。お父さんへのよいプレゼントになりますか。

ソフィアとルビー：最高です。

No.2

ベーカー先生：この地図を見てください！　アジア、ヨーロッパ、北アメリカ、南アメリカ、アフリカ、そしてオセアニア。とてつもなく大きな世界ですが、わたしたちは全てつながっています。たくさんのものが世界中から来ます。

大石先生：何かよい例を知っていますか。手を挙げてください。

ソフィア：知っています。

大石先生：はい、ソフィア。さあどうぞ。

ソフィア：これはわたしのセーターです。ニュージーランド製です。

ベーカー先生：ニュージーランドはどこですか、ソフィア。

ソフィア：ニュージーランドはオセアニアにあります。オーストラリアの近くです。ニュージーランドは美しい国です。わたしはいつかそこに行ってみたいです。

ベーカー先生：ありがとう、ソフィア。さあ、みなさん。もっと例を探しましょう！

No.3

ソフィア：ジャガイモは北海道産。タコはモロッ

The salmon is from Norway.

Ruby：What are you doing, Sophia?

Sophia：I'm doing my homework. These things come from many places.

Ruby：Yes, that's right.

Sophia：I want to learn about it.

Ruby：Good for you. Now, what do you want to eat at the picnic this weekend?

Sophia：Hm. How about BLT sandwiches?

Ruby：Sure!

No.4

Kevin：Hello?

Sophia：Hi, Dad. It's me, Sophia.

Kevin：Wow, Sophia! Thank you for calling.

Sophia：We are coming back to Australia next holiday.
We have a big present for you!

Kevin：Really? Wow! I can't wait.

コ産。サケはノルウェー産。

ルビー：何をしているのですか、ソフィア。

ソフィア：わたしは宿題をしています。これらのものはたくさんの場所から来ています。

ルビー：そうね、その通りです。

ソフィア：わたしはそれについて学びたいのです。

ルビー：いいですね。さて、この週末のピクニックであなたは何を食べたいですか。

ソフィア：うーん。BLTサンドイッチはどうですか。

ルビー：いいですよ！

No.4

ケビン：もしもし？

ソフィア：もしもし、お父さん。わたしです、ソフィアです。

ケビン：わあ、ソフィア！　電話をありがとう。

ソフィア：わたしたちは次の休日にオーストラリアに戻ります。
あなたへの大きなプレゼントがあります！

ケビン：本当？　わあ！　待ち遠しいです。

Watch and Think

教科書 p.49

Kevin：Hello. I'm Kevin Jones, Sophia's father.
We get our things from many places. My favorite pen is from Japan. I got it at a department store. Many of my pens are from Japan.
And this is my car. It's from Japan, too.
Do you have anything from another country? Where is it from?

ケビン：こんにちは。わたしはケビン・ジョーンズです。ソフィアの父親です。わたしたちは多くの場所からわたしたちのものを手に入れます。わたしのお気に入りのペンは日本製です。わたしはこれを百貨店で手に入れました。わたしのペンの多くは日本製です。それからこれはわたしの車です。これもまた日本製です。あなたは何か他の国から来たものを持っていますか。それはどこから来ましたか。

Let's Watch

Sophia：This is my sweater. It's from New Zealand.	ソフィア：これはわたしのセーターです。ニュージーランド製です。
Ms. Baker：Where is New Zealand, Sophia?	ベーカー先生：ニュージーランドはどこですか、ソフィア。
Sophia：New Zealand is in Oceania. It's close to Australia. New Zealand is a beautiful country. (I want to go there someday.)	ソフィア：ニュージーランドはオセアニアにあります。オーストラリアの近くです。ニュージーランドは美しい国です。（わたしはいつかそこに行ってみたいです。）

Let's Listen 1

Ms. Baker：Tell me about your favorite food.	ベーカー先生：あなたのお気に入りの食べ物について教えてください。
Lucas：I like the BLT sandwiches at Midori Bakery. B is for bacon. The bacon is from Italy. L is for lettuce. The lettuce is from Nagano. T is for tomato. The tomato is from Kumamoto.	ルーカス：わたしはミドリベーカリーの BLT サンドイッチが好きです。B はベーコン。ベーコンはイタリア産です。L はレタス。レタスは長野産です。T はトマト。トマトは熊本産です。
Ms. Baker：Oh, Italian bacon! Sounds delicious! I want to eat a BLT sandwich for lunch!	ベーカー先生：ああ、イタリアのベーコン！とてもおいしそうです！　わたしは昼食に BLT サンドイッチを食べたいです！

Let's Listen 2

Nadia：Hi, Saki. I like your T-shirt.	ナディア：こんにちは、早紀。わたしはあなたの T シャツが好きです。
Saki：Thanks. It was a present from my grandfather.	早紀：ありがとう。これはわたしのおばあさんからのプレゼントでした。
Nadia：It's nice! Where is it from?	ナディア：すてきですね！　それはどこ製ですか。
Saki：Let me see. It's from France!	早紀：えっと…。フランス製です！
Nadia：I see! France!	ナディア：そうですか！　フランス！

Deepa：Hello, everyone. We are the clothes team.
Look at this. This is my cap.
Where is it from? Can you guess?
Genki：Is it from China?
Deepa：No. It's from Vietnam. Vietnam is in Asia.
Vietnam is a nice country.
Genki：Oh, I see.
Itsuki：OK. It's my turn. This is my shirt.
Brian：... That's all.
All：Many clothes come from other countries. We are all connected.
Thank you for listening.

ディーパ：こんにちは、みなさん。わたしたちは衣服チームです。これを見てください。これはわたしのぼうしです。どこ製でしょうか。分かりますか。
元気：中国製ですか。
ディーパ：いいえ。ベトナム製です。ベトナムはアジアにあります。ベトナムはすてきな国です。
元気：へえ、そうなんですね。
樹：よし。わたしの番です。これはわたしのシャツです。
ブライアン：…これで終わりです。
全員：多くの衣服が他の国から来ています。わたしたちは全てつながっています。聞いてくれてありがとう。

p.54 文化探検

Look at these treasures. They are the treasures of Shosoin in Todaiji Temple. Where is this beautiful blue glass from? Is it from Korea? No. It's from Persia. Here. Look at this map.
These are old routes between Europe, North Africa, and Asia. It's the Silk Road. Merchants carried many things on camels: beautiful Chinese silk, for example.
That glass came all the way to Japan from Persia.

p.54 文化探検

これらの宝物を見てください。これらは東大寺の正倉院の宝物です。この美しい青いグラスはどこからのものでしょうか。朝鮮から来たのでしょうか。いいえ。ペルシャから来ました。この地図を見てください。これらはヨーロッパ、北アフリカ、そしてアジアの間の古いルートです。これがシルクロードです。商人は多くのもの、例えば美しい中国の絹をラクダに載せて運びました。先ほどのグラスははるばるペルシャから日本に来たのです。

p.54 フカボリ！

No.1：Japanese culture comes from many places. For example, Buddhism. Where does Buddhism come from?
No.2：Do you know the Silk Road? Many things came from many places.
No.3：Look at this ship. Missions to Tang China used ships like this.

p.54 フカボリ！

No.1：日本文化は様々な場所から来ています。例えば、仏教。仏教はどこ由来でしょうか。
No.2：あなたはシルクロードを知っていますか。多くのものが多くの場所から来ました。
No.3：この船を見てください。遣唐使はこのような船を利用しました。

No.4 : Wow! The Mongol invasions. Mongolian soldiers came to Japan!

No.5 : Guns first came to Japan from Europe. Guns changed Japanese history.

No.6 : Do you like castella? Castella came from Portugal.

No.7 : Do you know Francis Xavier? He is very famous in Japan.

No.8 : A *kappa* is a raincoat. "*Capa*" is a Portuguese word.

No.9 : That's Oda Nobunaga. He is cool!

No.10 : Toyotomi Hideyoshi made Osaka Castle. It's really big!

No.11 : Ito Mancio went to Europe. He lived there for many years.

No.12 : *Dejima* was in Nagasaki. People from China and the Netherlands came to *Dejima*.

No.13 : Sugita Gempaku was a doctor. He wrote a famous book.

No.14 : Maeno Ryotaku was a doctor, too. He wrote the book with Sugita Gempaku.

No.15 : Commodore Perry came to Japan with black ships. He opened Japan to the world.

No.16 : James Curtis Hepburn was an American. He came to Yokohama. He made Hepburn romanization, "*hebon-shiki romaji*" in Japanese.

No.17 : People danced in *Rokumeikan*, a famous building.

No.18 : The Tomioka Silk Mill is in Gunma. It's a famous World Heritage site.

No.19 : Japan joined a peace treaty with many other countries in San Francisco.

No.20 : This is the first *Shinkansen*. It was very fast.

No.4 : わあ！　元寇です。 モンゴル兵が日本に来ました！

No.5 : ヨーロッパから鉄砲が初めて日本に伝来しました。鉄砲は日本の歴史を変えました。

No.6 : カステラは好きですか。カステラはポルトガルが起源です。

No.7 : フランシスコ・ザビエルを知っていますか。彼は日本でとても有名です。

No.8 : 合羽はレインコートです。「カーパ」はポルトガル語です。

No.9 : あれは織田信長です。彼はかっこいいです！

No.10 : 豊臣秀吉は大阪城を作りました。本当に大きいです！

No.11 : 伊東マンショはヨーロッパへ行きました。彼はそこで何年も過ごしました。

No.12 : 出島は長崎にありました。中国やオランダからの人々が出島に来ました。

No.13 : 杉田玄白は医師でした。彼は有名な本を書きました。

No.14 : 前野良沢も医師でした。彼は杉田玄白といっしょに本を書きました。

No.15 : ペリー提督は黒船で日本に来航しました。彼は日本を開国させました。

No.16 : ジェームズ・カーティス・ヘボンはアメリカ人でした。彼は横浜に来ました。彼はヘボン・ローマナイゼーション、日本語で「ヘボン式ローマ字」を作りました。

No.17 : 人々は鹿鳴館という有名な建物の中で踊りました。

No.18 : 富岡製糸場は群馬にあります。有名な世界遺産です。

No.19 : 日本はサンフランシスコで多くの国々との平和条約を結びました。

N0.20 : これは最初の新幹線です。とても速かったです。

No.21 : Many people came to see the 1964 Tokyo Olympics and Paralympics. It was very exciting.

No.22 : Many tourists from overseas come to Japan. *Yokoso!*

No.23 : COVID-19 is a big problem. Be careful!

No.24 : Many athletes came to Japan for the 2020 Tokyo Olympics and Paralympics.

No.25 : Online meetings are fun! We can talk with people far away.

p.55 世界探検 Ghana

Chiyo : Hello, everyone! Are you ready?

Chiyo : Hello!

Johan : Hello. I'm Johan from Ghana. Are you Chiyo?

Chiyo : Yes, I am. Nice to meet you.

Johan : Nice to meet you, too.

Chiyo : Chocolate from Ghana is delicious!

Johan : Well, it comes from these trees.

Chiyo : Really?

Johan : Yes. Cacao beans are inside the orange and green fruits.

Chiyo : Cacao beans?

Johan : Yes. Cacao beans become chocolate.

Chiyo : I see.

Johan : Ghana sends a lot of cacao beans to Japan.

Chiyo : Wow! That's great.

Johan : Can you see the name on this statue?

Chiyo : Hm . . . . Oh, that's Hideyo Noguchi.

Johan : He was in Ghana.

Chiyo : Really? I want to learn more about Ghana.

No.21 : 多くの人が 1964 年東京オリンピック・パラリンピックを見に来ました。とてもわくわくするものでした。

No.22 : 海外からの旅行者がたくさん来日しました。ようこそ！

No.23 : 新型コロナウイルスは深刻な問題です。気をつけて！

No.24 : 多くのアスリートが 2020 年東京オリンピック・パラリンピックのため日本に来ました。（※実際は 2021 年開催）

No.25 : オンラインミーティングは楽しいです！わたしたちは遠くにいる人々と話すことができます。

p.55 世界探検

千代：こんにちは、みなさん！　準備はできていますか。

千代：こんにちは！

ヨハン：こんにちは。わたしはガーナのヨハンです。あなたは千代ですか。

千代：はい、そうです。はじめまして。

ヨハン：こちらこそ、はじめまして。

千代：ガーナ産のチョコレートはおいしいです！

ヨハン：そうですね、それはこれらの木からできています。

千代：本当？

ヨハン：はい。カカオ豆はオレンジ色と緑色の果実の中にあります。

千代：カカオ豆？

ヨハン：そうです。カカオ豆はチョコレートになります。

千代：なるほど。

ヨハン：ガーナはとてもたくさんのカカオ豆を日本に送っています。

千代：わあ！　それはすごい。

ヨハン：この像の名前が見えますか。

千代：ふうむ…。あら、野口英世ですね。

ヨハン：彼はガーナにいました。

千代：本当？　わたしはガーナについてもっと学びたいです。

Johan : Great! Please come someday!
Chiyo : Sure!

p.55 物語探検　Life in the Sea: I'm Gail. I'm a whale.

Scene 1

Lee : Hello, again. This is my friend.
Gail : Hi, everyone. I'm a blue whale. Call me Gail. I'm female.

Scene 2

Gail : I live in the sea. I'm big. Actually, I'm very big.

Scene 3

Gail : I eat krill, small shellfish. I can swim fast. I can dive deep, too.

Scene 4

Gail : I have a loud voice. My friend can sing wonderful love songs.

Scene 5 （教科書紙面）

My name is Gail. I'm a whale. I'm very big, like a ship.

ヨハン：すばらしい！　どうぞいつか来てください。
千代：もちろん！

p.55 物語探検

Scene 1

リー：こんにちは、また会ったね。こちらはわたしの友達です。
ゲイル：やあ、みなさん。わたしはシロナガスクジラです。ゲイルと呼んでください。わたしはメスです。

Scene 2

ゲイル：わたしは海で暮らしています。わたしは大きいです。このとおり、わたしはとても大きいのです。

Scene 3

ゲイル：わたしはオキアミや小さな貝を食べます。わたしは速く泳げます。わたしは深く潜ることもできます。

Scene 4

ゲイル：わたしは声が大きいです。わたしの友達はすばらしいラブソングを歌えます。

Scene 5 （教科書紙面）

わたしの名前はゲイルです。わたしはクジラです。わたしは船のように、とても大きいです。

 スクリプト **Unit6**

Listen and Think

教科書 pp.60-61

No.1

Sophia : Look! Sea turtles! They are so big.
Kevin : Wow! OK. Here is a question. What do sea turtles eat?
Sophia : Oh, I know. Sea turtles eat jellyfish.

No.1

ソフィア：見て！　ウミガメ！　とても大きいです。
ケビン：わあ！　それでは。問題です。ウミガメは何を食べますか。
ソフィア：あっ、知っています。ウミガメはクラゲを食べます。

Kevin : That's right. But sea turtles sometimes eat plastic bags, too.

Sophia : Plastic bags? Really?

Kevin : Yes. Do you know about SDGs?

Sophia : No, I don't.

Kevin : Well, let's check the internet.

Sophia : Yes, let's.

No.2

Sophia : Look, Dad. Here is a page about SDGs.

Kevin : Good job, Sophia.

Sophia : SDGs are 17 Sustainable Development Goals.
And number 14 is Life Below Water.

Kevin : Sea turtles sometimes eat plastic bags. Plastic bags look like jellyfish. A lot of plastic is in the oceans now. It is bad for many sea animals. What can we do about it, Sophia? Learn about it with your friends in Japan. OK?

Sophia : OK, I promise.

No.3

Sophia : Look. All these animals are in danger.

Saki : Oh, no! I love tigers! Let's save the tigers. Tigers are in danger!

Sophia : Yes. Tigers live in forests. Hunting is a big problem.
Forest loss is a big problem, too.

Saki : I see. What can we do for the tigers?

Nadia : Well, we can start from the 4Rs. Refuse, Reduce, Reuse, Recycle.

ケビン：そうです。でもウミガメは時々ビニール袋も食べます。

ソフィア：ビニール袋？　本当？

ケビン：はい。あなたは SDGs について知っていますか。

ソフィア：いいえ、知りません。

ケビン：それでは、インターネットで調べましょう。

ソフィア：はい、そうします。

No.2

ソフィア：見て、お父さん。SDGs についてのページです。

ケビン：よくできました、ソフィア。

ソフィア：SDGs は 17 の持続可能な開発目標のことです。
そして 14 番目が「海の豊かさを守ろう」です。

ケビン：ウミガメは時々ビニール袋を食べます。ビニール袋はクラゲのように見えます。今たくさんのプラスチックが海中にあります。多くの海の生き物にとって悪いことです。わたしたちはそれについて何ができるでしょうね、ソフィア。日本の友達といっしょにそれについて学んでください。いいですか。

ソフィア：わかりました、約束します。

No.3

ソフィア：見て。これらの動物全てが危機にあります。

早紀：なんてことでしょう！　わたしはトラが大好きです！　トラを救いましょう。トラは危機にあります！

ソフィア：そうですね。トラは森で暮らしています。狩猟は大きな問題です。森林がなくなることもまた大きな問題です。

早紀：なるほど。トラのためにわたしたちは何ができますか。

ナディア：えっと、まずは 4Rs から始められます。リフューズ（断る）、リデュース（減らす）、リユース（再利用する）、リサイクル（再生利用する）。

Saki : Let's save the animals!

No.4

Nadia : Are you OK, Lucas?

Lucas : Oh, sorry. I'm fine. Don't worry. See you.

Nadia : OK. Take care.

Sophia : What happened?

Daichi : I watched the sports news last night. A European soccer team wants Lucas's father!

Sophia : So he can't go to junior high school with us?

早紀：生き物たちを救いましょう！

No.4

ナディア：大丈夫ですか、ルーカス。

ルーカス：ああ、ごめんなさい。わたしは元気です。心配しないで。さようなら。

ナディア：そうですか。気をつけてね。

ソフィア：何かあったの。

大地：わたしは昨晩スポーツニュースを見ました。ヨーロッパのサッカーチームがルーカスのお父さんの獲得を望んでいます！

ソフィア：それでは彼はわたしたちと中学校へ行けないの？

教科書 p.6

Watch and Think

Kevin : G'day! I'm Kevin. I'm Sophia's father. I live in Australia.
I'm an animal researcher. Do you know this animal?
This is an emperor penguin. These penguins live on the ice.
But now, we have a big problem: global warming. The ice is disappearing.
So the penguins are in danger. What can we do?

ケビン：こんにちは！　わたしはケビンです。わたしはソフィアの父親です。わたしはオーストラリアに住んでいます。わたしは動物の研究者です。あなたはこの動物を知っていますか。これはコウテイペンギンです。このペンギンは氷の上で暮らしています。しかし今、わたしたちには地球温暖化という大きな問題があります。氷が消失しています。ですからペンギンは危機にあります。わたしたちには何ができるでしょうか。

教科書 p.62

Let's Watch

Saki : (I love tigers!) Let's save the tigers. Tigers are in danger!

Sophia : Yes. Tigers live in forests. Hunting is a big problem.
Forest loss is a big problem, too.

Saki : I see. What can we do for the tigers?

早紀：（わたしはトラが大好きです！）　トラを救いましょう。トラは危機にあります！

ソフィア：そうですね。トラは森で暮らしています。狩猟は大きな問題です。森林がなくなることもまた大きな問題です。

早紀：なるほど。トラのためにわたしたちは何ができますか。

Nadia：Well, we can start from the 4Rs. (Refuse, Reduce, Reuse, Recycle.)

ナディア：えっと、まずは 4Rs から始められます。(リフューズ（断る）、リデュース（減らす）、リユース（再利用する）、リサイクル（再生利用する)。)

Let's Listen

教科書 p.62

No.1

Mr. Oishi：Giraffes live in the savanna. But giraffes are in danger.
Hunting is a big problem.
Giraffes are disappearing.

No.2

Lucas：Gorillas are so smart. Gorillas live in forests. Forest loss is a big problem. Gorillas are in danger now. Let's save the forests. We can plant trees.

No.3

Ms. Baker：Coral reefs are in danger. Of course, coral reefs live in the sea.
But the sea is warming, and coral can't live. Let's stop global warming.
We can save energy.

No.1

大石先生：キリンはサバンナで暮らしています。しかしキリンは危機にあります。狩猟は大きな問題です。キリンが減っています。

No.2

ルーカス：ゴリラはとても賢いです。ゴリラは森で暮らしています。森がなくなることは大きな問題です。今ゴリラは危機にあります。森を守りましょう。わたしたちは木を植えることができます。

No.3

ベーカー先生：サンゴ礁は危機にあります。もちろん、サンゴ礁は海で生きています。しかし海が温暖化していて、サンゴは生きられません。地球温暖化を止めましょう。わたしたちはエネルギーを節約できます。

Your Goal

教科書 p.65

Brian：Hi, everyone. Let's save the sea turtles.
I like sea turtles. Sea turtles live in the sea. Plastic is a big problem.
Deepa：What can we do for the sea turtles?
Brian：We can use eco-friendly bags.
Deepa：Oh, I see.

ブライアン：こんにちは、みなさん。ウミガメを救いましょう。わたしはウミガメが好きです。ウミガメは海で暮らしています。プラスチックは大きな問題です。
ディーパ：ウミガメのためにわたしたちは何ができますか。
ブライアン：エコバッグを使うことができます。
ディーパ：ああ、なるほど。

Genki : I have an idea.
　　　　We can reuse plastic bags, too.
Brian : Nice idea!

元気：わたしに考えがあります。わたしたちは
　　　 ビニール袋を再利用することもできます。
ブライアン：よい考えです！

p.66 文化探検

Look! Elephants are in a rainforest. This is
a rainforest in Borneo, Malaysia.
The elephants in Borneo are in danger.
These are oil palm trees in Borneo. People
get palm oil from these trees.
We use palm oil to make French fries,
potato chips, chocolate, and so on.
People cut down the rainforest and plant
oil palm trees.
But the elephants eat the young trees. So
people kill the elephants.
What can we do for the elephants in
Borneo? This is an elephant rescue center
in Borneo.
This is the ONGAESHI Project. A
Japanese NGO and Asahiyama Zoo
support this project.
People can buy drinks from this vending
machine in Japan.
The money helps the elephants in Borneo.

p.66 文化探検

見てください！　熱帯雨林のゾウです。これは
マレーシアのボルネオ島の熱帯雨林です。ボル
ネオ島のゾウは危機にあります。
これらはボルネオ島のアブラヤシの木々です。
人々はこれらの木からパーム油を手に入れます。
わたしたちは、フライドポテトや、ポテトチッ
プス、チョコレートなどを作るのにパーム油を
使います。
人々は熱帯雨林を伐採して、アブラヤシの木を
植えます。しかしゾウは若い木を食べます。だ
から人々はゾウを殺します。
わたしたちはボルネオ島のゾウのために何がで
きるでしょうか。
これはボルネオ島のゾウの救助センターです。
これは恩返し計画です。日本の非政府組織と旭
山動物園がこの計画を支援しています。人々は
日本のこの自動販売機から飲み物を買えます。
そのお金がボルネオ島のゾウを助けるのです。

p.66 フカボリ！

Look. You can see a frog symbol. What is
this symbol? Can you guess?

p.66 フカボリ！

見て。カエルのシンボルマークが見えます。こ
れは何のシンボルマークなのでしょうか。あな
たは推測できますか。

p.67 世界探検 Brazil

Chiyo : Hello, everyone! Are you ready?

Chiyo : Hello! Nice to meet you, Bianca.
Bianca : Boa Tarde. Nice to meet you, too,
　　　　 Chiyo.
　　　　 *Tokorode, Chiyo san wa eigo ga
　　　　 jozu desune.*

p.67 世界探検

千代：こんにちは、みなさん！　準備はできて
　　　 いますか。

千代：こんにちは！　はじめまして、ビアンカ。
ビアンカ：ボアタルデ（＝こんにちは）。こちら
　　　　　 こそ、はじめまして、千代。「ところで、
　　　　　 千代さんは英語が上手ですね。」

Chiyo：*Arigato*! And you are good at speaking Japanese!

Bianca：Thank you. I'm a Japanese-Brazilian.

Bianca：This is my town, Liberdade in São Paulo.
　　　　You can find many Japanese in our town.

Chiyo：Fantastic! Tell me more about Brazil!

Bianca：My favorite place is the rainforest along the Amazon River.

Chiyo：You love the rainforest!

Bianca：Yes. Rainforests have a lot of unique plants and animals.

Chiyo：I love nature!

Bianca：But rainforests are disappearing.
　　　　They are in danger.
　　　　Let's protect plants and animals.

Chiyo：Yes, let's.

Bianca：See you!

Chiyo：See you!

p.67 物語探検　Life in the Sea: Beautiful Coral Reefs

Scene 1

Lee：Hi, again. I'm back in Japan. Look at these colorful coral reefs. They are so beautiful.

Scene 2

Lee：A coral is an animal. It is not a plant. It is like a jellyfish or a sea anemone.

Scene 3

Lee：Many small fish and shellfish live in coral reefs.
　　 Coral reefs are a home for many small animals.

Scene 4

Lee：This one is white. It can't produce

千代：ありがとう！　そしてあなたは日本語を話すのが上手です！

ビアンカ：ありがとう。わたしは日系ブラジル人です。

ビアンカ：これはわたしの町、サンパウロのリベルダーデです。わたしたちの町ではたくさんの日本語を見つけることができます。

千代：すばらしい！　ブラジルについてもっと教えてください！

ビアンカ：わたしのお気に入りの場所はアマゾン川に沿った熱帯雨林です。

千代：あなたは熱帯雨林が大好きなのですね！

ビアンカ：はい。熱帯雨林にはたくさんの固有の植物と動物がいます。

千代：わたしは自然が大好きです！

ビアンカ：でも熱帯雨林は消失しています。危機にあります。
　　　　植物と動物を保護しましょう。

千代：はい、そうしましょう。

ビアンカ：さようなら！

千代：さようなら！

p.67 物語探検

Scene 1

リー：やあ、また会ったね。わたしは日本に戻っています。この色彩豊かなサンゴ礁を見てください。とても美しいです。

Scene 2

リー：サンゴは動物です。植物ではありません。それはクラゲやイソギンチャクに似ています。

Scene 3

リー：たくさんの小さな魚や甲殻類がサンゴ礁で暮らしています。サンゴ礁はたくさんの小さな生き物のすみかです。

Scene 4

リー：これは白いです。これはエネルギーを生

energy. Coral reefs are in danger.
Why?
Scene 5 （教科書紙面）
Many animals live in the sea.
Let's save the animals.

み出すことができません。サンゴ礁は危機にあります。なぜでしょう。
Scene 5 （教科書紙面）
多くの生き物は海に暮らしています。生き物たちを救いましょう。

 スクリプト Unit7

Listen and Think

教科書 pp.72-7

No.1
Ms. Baker : Let's talk to our friends in other countries again. Are you ready?
All : Yes!
Mr. Oishi : Helmi, what's your best memory from school?
Helmi : My best memory is Japan Day.
Daichi : What did you do?
Helmi : We ate Japanese food. We enjoyed dancing. It was very exciting.
Daichi : Are you good at speaking Japanese?
Helmi : No, I'm not. I want to learn more.

No.2
Mr. Oishi : How about you, Daniel?
Daniel : My best memory is our English class. We have very kind teachers. I enjoyed studying English with my friends. It was very interesting.
Nadia : Why do you study English?
Daniel : I want to be a pilot!
Nadia : Wow, a pilot!

No.3
Ms. Baker : It's your turn, Sophia. What's your best memory?
Sophia : My best memory is our school trip. We went to Kyoto.

No.1
ベーカー先生：再び他の国の友達と話しましょう。準備はできていますか。
全員：はい！
大石先生：ヘルミ、学校でのあなたの一番の思い出は何ですか。
ヘルミ：わたしの一番の思い出は日本の日です。
大地：あなたは何をしましたか。
ヘルミ：わたしたちは日本食を食べました。わたしたちはおどることを楽しみました。とてもわくわくするものでした。
大地：あなたは日本語を話すのが得意ですか。
ヘルミ：いいえ、得意ではありません。わたしはもっと学びたいです。

No.2
大石先生：あなたはどうですか、ダニエル。
ダニエル：わたしの一番の思い出は英語の授業です。とても優しい先生たちがいます。わたしは友達といっしょに英語の勉強を楽しみました。とてもおもしろかったです。
ナディア：どうして英語を勉強するのですか。
ダニエル：わたしはパイロットになりたいのです。
ナディア：わあ、パイロット！

No.3
ベーカー先生：あなたの番です、ソフィア。あなたの一番の思い出は何ですか。
ソフィア：わたしの一番の思い出は修学旅行です。わたしたちは京都に行きました。

We saw many temples. It was fantastic!

Helmi：I want to go to Kyoto, too.

No.4

Mr. Oishi：It's your turn, Lucas.

Lucas：My best memory is our sports day. We enjoyed dancing together. I ate lunch with my family and friends. They are always kind to me . . . .

Sophia：What's the matter, Lucas?

Lucas：Well. I can tell you my secret now. I can't go to junior high school with you.

Nadia：Your father is going to play soccer in Europe, right?

Lucas：Huh?

わたしたちは多くの寺を見ました。すばらしかったです！

ヘルミ：わたしも京都に行きたいです。

No.4

大石先生：あなたの番です、ルーカス。

ルーカス：わたしの一番の思い出は運動会です。わたしたちはいっしょにおどることを楽しみました。わたしは家族と友達と昼食を食べました。彼らはいつもわたしに優しいです…。

ソフィア：どうしたの、ルーカス。

ルーカス：ええと。ようやくわたしの秘密を打ち明けられます。わたしはあなたたちといっしょに中学校に行けないのです。

ナディア：あなたのお父さんがヨーロッパでサッカーをすることになるのですよね。

ルーカス：えっ？

Watch and Think

教科書 **p.73**

Samuel：Kia ora! I'm Samuel. I'm from New Zealand.
My best memory is our school trip. We went to Lake Tekapo. At night, we saw an aurora. It was amazing! And we saw many beautiful stars.
We saw the Southern Cross clearly.
You know, the Southern Cross is on our national flag. Our school trip was wonderful!
OK, it's your turn. Tell me about your best memory from elementary school!

サミュエル：キアオラ（＝こんにちは）！　わたしはサミュエルです。わたしはニュージーランドの出身です。わたしの一番の思い出は修学旅行です。わたしたちはテカポ湖に行きました。夜に、わたしたちはオーロラを見ました。すばらしかったです！　それからたくさんの美しい星を見ました。わたしたちは南十字星をはっきりと見ました。南十字星はわたしたちの国旗にありますよね。修学旅行はすばらしかったです！　さあ、あなたの番です。小学校でのあなたの一番の思い出について教えてください。

Let's Watch

教科書 p.7

Ms. Baker：(It's your turn, Sophia.)
　　　　　What's your best memory?
Sophia：My best memory is our school
　　　　trip. We went to Kyoto. We saw
　　　　many temples.
　　　　It was fantastic!
(Helmi：I want to go to Kyoto, too.)

ベーカー先生：(あなたの番です、ソフィア。)
　　　　　　あなたの一番の思い出は何です
　　　　　　か。
ソフィア：わたしの一番の思い出は修学旅行で
　　　　　す。わたしたちは京都に行きました。
　　　　　わたしたちは多くの寺を見ました。
　　　　　すばらしかったです！
(ヘルミ：わたしも京都に行きたいです。)

Let's Listen 1

教科書 p.7

No.1

Daniel：What's your best memory, Daichi?
Daichi：My best memory is our field trip.
　　　　We went to a recycling center. It
　　　　was interesting.

No.1

ダニエル：あなたの一番の思い出は何ですか、
　　　　　大地。
大地：わたしの一番の思い出は社会科見学です。
　　　わたしたちはリサイクルセンターに行き
　　　ました。おもしろかったです。

No.2

Daniel：How about you, Saki?
Saki：My best memory is our music
　　　festival.
Daniel：What did you do?
Saki：We played *Ob-La-Di, Ob-La-Da*. It
　　　was fun.
Daniel：Wow! I like that song, too!

No.2

ダニエル：あなたはどうですか、早紀。
早紀：わたしの一番の思い出は音楽祭です。
ダニエル：あなたは何をしましたか。
早紀：わたしたちはオブ・ラ・ディ、オブ・ラ・
　　　ダを演奏しました。楽しかったです。
ダニエル：わあ！　わたしもその歌が好きです！

Let's Listen 2

教科書 p.7

Nadia：My best memory is our school trip.
　　　　We went to Kyoto.
　　　　We ate ice cream. It was delicious.

ナディア：わたしの一番の思い出は修学旅行で
　　　　　す。わたしたちは京都に行きました。
　　　　　わたしたちはアイスクリームを食べ
　　　　　ました。とてもおいしかったです。

Your Goal

教科書 p.7

Deepa：What's your best memory?
Nanami：My best memory is our school
　　　　trip. We went to Todaiji Temple.

ディーパ：あなたの一番の思い出は何ですか。
七海：わたしの一番の思い出は修学旅行です。
　　　わたしたちは東大寺に行きました。

Deepa : How was Todaiji Temple?
Nanami : It was old and great.
Deepa : Oh, I see. What did you do?
Nanami : I saw many deer. It was fun.
Deepa : Sounds good.
Nanami : Nice talking to you.

ディーパ：東大寺はどうでしたか。
七海：古くて大きかったです。
ディーパ：へえ、そうですか。あなたは何をしましたか。
七海：わたしはたくさんのシカを見ました。楽しかったです。
ディーパ：いいですね。
七海：あなたと話ができてよかったです。

Over the Horizon

教科書 pp.78-79

p.78 文化探検

Hello. I am Yamashita Kayoko. I am a teacher at a school in London in the U.K.
What's your best memory of school?
I have a lot of memories. We had a lot of events at our school.

Look at this picture.
This was Book Day. Students wore costumes of their favorite characters.
It was fun. Who is this? Can you guess?

This was Roman Empire Day. Students learned about the Roman Empire.
It was interesting.

This was my best memory, Japan Day. We learned about Japanese culture.
This is a set of *Hina* dolls. We made *koinobori*.

What's your best memory? Tell me later.

p.78 フカボリ！

Look at this picture. This is *bon-odori*, a traditional Japanese dance.
You can see it in summer festivals. What Japanese event do you recommend?

p.78 文化探検

こんにちは。わたしは山下桂世子です。わたしはイギリスのロンドンで学校の先生をしています。
学校でのあなたの一番の思い出は何ですか。わたしはたくさんの思い出があります。わたしたちの学校には多くの行事がありました。

この写真を見てください。これは本の日でした。生徒はお気に入りの登場人物の衣装を着ていました。楽しかったです。これは誰でしょう。あなたは分かりますか。

これはローマ皇帝の日でした。生徒はローマ皇帝について学びました。おもしろかったです。

これはわたしの一番の思い出、日本の日でした。わたしたちは日本の文化について学びました。これは雛人形一式です。わたしたちは鯉のぼりを作りました。

あなたの一番の思い出は何ですか。後で教えてくださいね。

p.78 フカボリ！

この写真を見てください。これは伝統的な日本のおどり、盆おどりです。夏祭りで見ることができます。あなたはどんな日本の行事がおすすめですか。

Chiyo：Hello, everyone! Are you ready?

Chiyo：Hi, Jing! Nice to meet you.

Jing：你好 , Chiyo. Nice to meet you, too! China and Japan are very close. So we have *kanji*, chopsticks, and table tennis!

Chiyo：Oh! Do you like table tennis?

Jing：Yes. I love table tennis. I practiced table tennis every day. It was fun! It was my best memory.

Chiyo：Table tennis is popular in China!

Jing：That's right. We have many good table tennis players. But you have many good players in Japan, too. Japan and China are good rivals.

Chiyo：That's nice!

Jing：We have many good things. Chinese food, the Great Wall of China, and pandas. Please come to China someday.

Chiyo：Sure!

p.79 物語探検　Heroes: The Story of Malala

Scene 1

This is Malala Yousafzai. She is from Pakistan. She has two brothers.
Her father was a school principal.

Scene 2

Her birthday is July 12th, 1997. She wanted to learn. One day in 2012, she was attacked.
She was 15 then.

Scene 3

She received the Nobel Peace Prize in 2014. She works for the poor. She works for children.

千代：こんにちは、みなさん！　準備はできていますか。

千代：こんにちは、ジン！　はじめまして。

ジン：ニイハオ（＝こんにちは）、千代。こちらこそ、はじめまして！
中国と日本はとても近いです。そのため、わたしたちには漢字、箸、そして卓球があります！

千代：あら！　あなたは卓球が好きなのですか。

ジン：はい。わたしは卓球が大好きです。わたしは毎日卓球の練習をしました。楽しかったです！それはわたしの一番の思い出でした。

千代：卓球は中国では人気があります！

ジン：その通りです。多くのよい卓球選手がいます。でも日本にも多くのよい卓球選手がいます。日本と中国はよいライバルです。

千代：それはすばらしい！

ジン：わたしたちにはよいものがたくさんあります。中国料理、万里の長城、そしてパンダ。どうぞいつか中国に来てください。

千代：もちろん！

p.79 物語探検

Scene 1

こちらはマララ・ユスフザイです。彼女はパキスタンの出身です。彼女には２人の兄弟がいます。彼女のお父さんは学校の校長でした。

Scene 2

彼女の誕生日は 1997 年 7 月 12 日です。彼女には学びたいという気持ちがありました。2012年のある日、彼女は襲われました。彼女はその時 15 歳でした。

Scene 3

彼女は 2014 年にノーベル平和賞を受賞しました。彼女は貧しい人々のために働いています。彼女は子供たちのために働いています。

Scene 4

She always says, "Children want to study. Let's help children." She is a human rights activist.

Scene 5 （教科書紙面）

"One child, one teacher, one book, and one pen can change the world."
—— Malala Yousafzai

Scene 4

彼女はいつも「子供たちは勉強がしたいのです。子供たちを助けましょう。」と言います。彼女は人権活動家です。

Scene 5 （教科書紙面）

「1 人の子供、1 人の教師、1 冊の本、そして 1 本のペンが世界を変えることができます。」
—— マララ・ユスフザイ

スクリプト Unit8

Listen and Think

教科書 pp.82-83

No.1

Taiyo : Welcome to Wakaba Junior High School. I'm Goto Taiyo.

Emma : I'm Emma. We have many events: our school festival, sports day, and so on.
　　　 What school events do you want to enjoy?

Nadia : I want to enjoy the school festival. I like dancing.

Taiyo : Sounds nice. We have a dance team in our school. You can join the dance team!

No.2

Emma : We have many other teams and clubs. Do you like cooking?
　　　 I'm in the cooking club. What club do you want to join?

Saki : I want to join the English club. I like English.

Emma : Sounds good! What do you want to be?

Saki : I want to be an international businessperson.
　　　 I want to work abroad. I want to work in Australia.

Emma : Sounds nice!

No.1

太陽：若葉中学校へようこそ。わたしは後藤太陽です。

エマ：わたしはエマです。わたしたちには、学園祭、体育祭など、多くの学校行事があります。あなたたちはどの学校行事を楽しみたいですか。

ナディア：わたしは学園祭を楽しみたいです。わたしはおどることが好きです。

太陽：いいですね。わたしたちの学校にはダンス部があります。あなたはダンス部に入れますよ！

No.2

エマ：他にもたくさんの部活動があります。料理は好きですか。わたしは料理部に入っています。あなたはどの部活動に入りたいですか。

早紀：わたしは英語部に入りたいです。わたしは英語が好きです。

エマ：いいですね！　あなたは何になりたいですか。

早紀：わたしは国際的な実業家になりたいです。わたしは海外で働きたいのです。わたしはオーストラリアで働きたいです。

エマ：いいですね！

No.3

Mr. Oishi : Congratulations!

Ms. Baker : It was a nice graduation ceremony. I'm very proud of you all.

All : Thank you, Mr. Oishi. Thank you, Ms. Baker.

Ms. Baker : This is my message for you. "Enjoy communication!" You can communicate with people all over the world in English. English can open a door to the world. Let's open it!

No.4

Lucas : Thank you, everyone. I'll miss you so much.

Nadia : We'll miss you, too.

Saki : Please e-mail us. Good luck.

Sophia : We have a card for you.

Daichi : Here you are.

Lucas : Thank you. It's wonderful. You are my best friends.

Announce : *May I have your attention, please. Italian Airlines, flight 120 (one-two-zero), bound for Milan will be boarding at 6 p.m. Passengers . . .*

Carlos : Lucas, it's time to go.

Lucas : Good bye. I'll never forget you. *Arigato!*

All : Bye!

No.3

大石先生：おめでとうございます！

ベーカー先生：良い卒業式でした。わたしはあなたたち全員をとても誇りに思います。

全員：ありがとうございます、大石先生。ありがとうございます、ベーカー先生。

ベーカー先生：これはあなたたちへのわたしのメッセージです。「コミュニケーションを楽しんで！」あなたたちは英語で世界中の人々と意思を伝え合うことができます。英語は世界への扉を開けることができます。扉を開けましょう！

No.4

ルーカス：ありがとう、みんな。わたしはとても寂しくなります。

ナディア：わたしたちも寂しくなります。

早紀：わたしたちにEメールを送ってください。幸運を祈っています。

ソフィア：あなたへのカードがあります。

大地：さあどうぞ。

ルーカス：ありがとう。すばらしい。あなたたちはわたしの親友です。

アナウンス：ご案内申し上げます。イタリアン航空120便、ミラノ行きは午後6時に搭乗開始予定です。ご搭乗のみなさまは…

カルロス：ルーカス、行く時間です。

ルーカス：さようなら。あなたたちのことは決して忘れません。ありがとう！

全員：さようなら！

教科書 p.83

Watch and Think

Oliver : Hi, I'm Oliver. I'm Sophia's brother. I'm a Wakaba Junior High School student.

オリバー：やあ、わたしはオリバーです。わたしはソフィアの兄です。わたしは若葉中学校の生徒です。あなたはクリ

Do you know cricket?
Cricket is a popular sport in Australia, the U.K., India, and other countries.
I play cricket on weekends. I practice very hard. I want to be a cricket player.
What do you want to be in the future?

ケットを知っていますか。クリケットはオーストラリア、イギリス、インド、そしてその他の国々で人気のあるスポーツです。わたしは週末にクリケットをします。わたしはとても熱心に練習します。わたしはクリケット選手になりたいです。あなたは将来何になりたいですか。

Let's Watch

教科書 p.84

Emma：(I'm in the cooking club.)
　　　What club do you want to join?
Saki：I want to join the English club. I like English.
Emma：Sounds good! What do you want to be?
Saki：I want to be an international businessperson.
　　　I want to work abroad. I want to work in Australia.
(Emma：Sounds nice!)

エマ：（わたしは料理部に入っています。）あなたはどの部活動に入りたいですか。
早紀：わたしは英語部に入りたいです。わたしは英語が好きです。
エマ：いいですね！　あなたは何になりたいですか。
早紀：わたしは国際的な実業家になりたいです。わたしは海外で働きたいのです。わたしはオーストラリアで働きたいです。
（エマ：いいですね！）

Let's Listen 1

教科書 p.84

No.1

Emma：What club do you want to join, Daichi?
Daichi：I want to join the computer club. I like programming.
Emma：What do you want to be? Do you want to be a programmer?
Daichi：Yes! I want to be a programmer in the future.
Emma：Great!

No.2

Taiyo：How about you, Nadia? What club do you want to join?

No.1

エマ：あなたはどの部活動に入りたいですか、大地。
大地：わたしはコンピューター部に入りたいです。わたしはプログラミングが好きです。
エマ：あなたは何になりたいですか。あなたはプログラマーになりたいのですか。
大地：はい！　わたしは将来プログラマーになりたいです。
エマ：すばらしい！

No.2

太陽：あなたはどうですか、ナディア。あなたはどの部活動に入りたいですか。

Nadia : I want to join the dance team. I want to try hip-hop dance.

Taiyo : What do you want to be? Do you want to be a dancer?

Nadia : Well, I like dancing, but I want to be a doctor. I want to help people.

Taiyo : That's great! You can do it!

ナディア：わたしはダンス部に入りたいです。わたしはヒップホップダンスをやってみたいです。

太陽：あなたは何になりたいですか。あなたはダンサーになりたいのですか。

ナディア：えっと、おどることは好きですが、わたしは医師になりたいです。わたしは人々を助けたいのです。

太陽：それはすばらしいです！　あなたならできます！

Let's Listen 2

教科書 p.85

Sophia : I like science. I want to join the science club.
I want to study science. I want to be a vet. I want to help animals.

ソフィア：わたしは理科が好きです。わたしは科学部に入りたいです。わたしは理科の勉強がしたいです。わたしは獣医になりたいのです。わたしは動物を助けたいです。

Your Goal

教科書 p.87

Brian : Hello.

Akina : Hello.

Brian : What club do you want to join?

Akina : I want to join the chorus.

Brian : The chorus?

Akina : Yes. I'm good at singing.

Brian : That's nice. What do you want to be?

Akina : I want to be a doctor. I want to live in Africa. I want to help people in Africa.

Brian : Wow. That's a really nice dream. Good luck!

Akina : Thank you. How about you?

ブライアン：こんにちは。

明菜：こんにちは。

ブライアン：あなたは何部に入りたいですか。

明菜：わたしは合唱部に入りたいです。

ブライアン：合唱部？

明菜：はい。わたしは歌うのが得意です。

ブライアン：それはいいですね。あなたは何になりたいですか。

明菜：わたしは医師になりたいです。わたしはアフリカに住みたいです。わたしはアフリカの人々を助けたいです。

ブライアン：わあ。それは本当にすてきな夢です。がんばってください！

明菜：ありがとう。あなたはどうですか。

p.88 文化探検

Toshihiko：Hello. I'm Toshihiko.
　　　　　I work in Barcelona, Spain.
　　　　　Let's go to my office.

　　　　　I'm an office worker in a
　　　　　Japanese game company.
　　　　　This is our team. Our team
　　　　　members come from 16
　　　　　different countries.
　　　　　Hey, Roberto. Where are you
　　　　　from?
Roberto：Ciao! I am from Italy.
Toshihiko：Do you like Japanese games?
Roberto：Yes. I love Japanese games.
Toshihiko：Japanese games are popular
　　　　　all over the world. Look at my
　　　　　schedule.
　　　　　In the morning, I have a
　　　　　meeting online with our
　　　　　company members in Japan.
　　　　　I sometimes have paella for
　　　　　lunch near our office.
　　　　　In the afternoon, I have a
　　　　　meeting with teams at our
　　　　　office.
　　　　　In the office, we usually speak
　　　　　in English. But . . .
Haruki：I want to speak more Spanish. I
　　　　study Spanish on Mondays. Hola,
　　　　Aida!
Aida：Haruki, *konnichiwa*. I study
　　　Japanese on Fridays.
Toshihiko：We want to learn more about
　　　　　each other.
　　　　　Come see the world! See you!

p.88 フカボリ！

The world has many languages.
English, Spanish, Chinese, Arabic,

p.88 文化探検

トシヒコ：こんにちは。わたしはトシヒコです。わたしはスペインのバルセロナで働いています。わたしのオフィスに行きましょう。

わたしは日本のゲーム会社の会社員です。こちらはわたしたちのチームです。わたしたちのチームのメンバーは16の異なる国から来ています。やあ、ロベルト。あなたはどこの出身ですか。
ロベルト：チャオ（＝やあ）！　わたしはイタリアの出身です。
トシヒコ：あなたは日本のゲームが好きですか。
ロベルト：はい。わたしは日本のゲームが大好きです。
トシヒコ：日本のゲームは世界中で人気があります。わたしのスケジュールを見てください。午前中、わたしは日本にいる会社のメンバーとオンラインで会議をします。わたしは時々オフィスの近くで、昼食にパエリアを食べます。午後、わたしはオフィスでチームの人たちと会議をします。オフィスでは、わたしたちはふだん英語で話します。でも…
ハルキ：わたしはもっとスペイン語を話したいです。わたしは月曜日にスペイン語を勉強しています。オラ（＝こんにちは）、アイーダ！
アイーダ：ハルキ、こんにちは。わたしは金曜日に日本語を勉強しています。
トシヒコ：わたしたちはお互いについてもっと学びたいです。
世界を見に来てください！　さようなら！

p.88 フカボリ！

世界には多くの言語があります。英語、スペイン語、中国語、アラビア語、日本語、そして他

Japanese, and many others.
Many people learn another language.
Why do they learn another language?

にもたくさん。多くの人々が別の言語を学んでいます。どうして彼らは別の言語を学ぶのでしょうか。

p.89 世界探検 Turkey

Chiyo：Hello, everyone! Are you ready?

Chiyo：Hello! I'm Chiyo. Are you Emir?
Emir：Yes, I am. Nice to meet you, Chiyo.
Chiyo：Nice to meet you, too.
Tell me about your country. Tell me about Turkey.
Emir：Of course. Look at this picture.
The left side is in Europe and the right side is in Asia.
Turkey is a special place. It is a mix of two cultures.
Chiyo：Wow!
Emir：Do you know this place?
Chiyo：No, I don't. What is it?
Emir：It's Cappadocia, a World Heritage site.
It has many unique rocks and many churches.
Chiyo：It's amazing!
Emir：In Turkey, we have many interesting places.
So I want to be a tour guide in the future.
Chiyo：A tour guide? Great! Please guide me someday.
Emir：Of course. Come to Turkey!
And let's eat unique Turkish ice cream, dondurma! See you!
Chiyo：See you!

p.89 物語探検　Heroes: The Story of Dr. Nakamura

Scene 1

This is Nakamura Tetsu. His birthday was September 15th, 1946.
He was from Fukuoka, Japan.

p.89 世界探検

千代：こんにちは、みなさん！　準備はできていますか。

千代：こんにちは！　わたしは千代です。あなたはエミールですか。
エミール：はい、そうです。はじめまして、千代。
千代：こちらこそ、はじめまして。あなたの国について教えてください。トルコについて教えてください。
エミール：もちろん。この写真を見てください。左側がヨーロッパで、そして右側がアジアです。トルコは特別な場所です。2つの文化が混ざっています。
千代：わあ！
エミール：あなたはこの場所を知っていますか。
千代：いいえ、知りません。何ですか。
エミール：これは世界遺産のカッパドキアです。そこにはたくさんの独特な岩とたくさんの教会があります。
千代：すばらしいです！
エミール：トルコにはたくさんのおもしろい場所があります。ですからわたしは将来ツアーガイドになりたいです。
千代：ツアーガイド？　すばらしい！　どうぞいつかわたしをガイドしてください。
エミール：もちろん。トルコに来てください！そして独特なトルコのアイスクリーム、ドンドルマを食べましょう！さようなら！
千代：さようなら！

p.89 物語探検

Scene 1

こちらは中村哲です。彼の誕生日は1946年9月15日でした。彼は日本の福岡の出身でした。

Scene 2

He was a doctor. He helped many people in Afghanistan.

Scene 3

He planted trees. He supplied water. The land became green. People became happy.

Scene 4

This is a book about Dr. Nakamura. People in Afghanistan remember him.

Scene 5 （教科書紙面）

"Just do it." —— Nakamura Tetsu

Scene 2

彼は医師でした。彼はアフガニスタンで多くの人々を助けました。

Scene 3

彼は木を植えました。彼は水を供給しました。土地は緑になりました。人々は幸せになりました。

Scene 4

これは中村博士についての本です。アフガニスタンの人々は彼を覚えています。

Scene 5 （教科書紙面）

「実行あるのみ。」—— 中村哲